ALL TOCHIGI ATHLETE MAGAZINE

SPRIDE

スプライド特別号

宇都宮ブレックス シーズンメモリーズ 2022-23

GoHigher

栃木銀行
住めば愉快だ宇都宮

HIEJIMA
TAMAPOLY
中村土建
関東自動車
J-STEP
NASU MATERIAL
ナカニシ
下野新聞

２０２３年５月７日。２０２２-23シーズンのレギュラーシーズン最終戦となったこの日、雨が降りしきる日環アリーナ栃木に、県内ホーム戦では過去最多となる５４２５人の観客が詰めかけた。２０１２-13シーズン以来、10年ぶりにポストシーズンを逃したブレックスにとって、シーズン最後となる試合だ。

対戦相手は、目下11連勝中の千葉ジェッツ。今シーズン、ここまでの千葉Jの勝率は52勝６敗と驚異的な数字を叩き出している。さらに、この試合に勝てば歴代最多勝利数、歴代最高勝率が決まる重要な試合でもある。他方、ブレックスにとっては、CS出場の希望が絶たれ、とはいえ降格争いもないという、消化試合になり兼ねない試合だった。

５月６日の試合は、スピード感のある試合展開で、接戦にまでもつれ込む見応えある内容となったが、最終的には力及ばず89-92でブレックスの敗戦。翌、５月７日は、前日とは打って変わって重い展開でゲームがスタートした。

最後に魅せた「BREX MENTALITY」を来シーズンの土台に

2022-23

【UTSUNOMIYA BREX SEASON MEMORIES】

藤井洋子・文　山田壮司・写真

高島が攻守で活躍

第1クォーター(Q)を14-18で終えたブレックス。第2Qには比江島慎が2本のシュートを決めると、その後は足の調子が完璧でない遠藤祐亮に代わってスタートを務めた高島紳司が見せ場をつくった。高島は、千葉Jのエース富樫勇樹をピッタリとマークしていたが、富樫の隙をついてボールを奪うと、そのまま自ら得点。見事に3Pシュートを決めて逆転に成功した。

高島はその後も堅いディフェンスで富樫を徹底マーク。オフェンスでは積極的にシュートを重ねるなど攻守での活躍が光り、前半が終わって35-36と1点ビハインドで後半戦を迎えることになった。

第3Qは千葉Jの富樫が3Pシュートを高確率で決めて点差を引き放そうとするが、ブレックスも負けじとグラント・ジェレットやアイザック・フォトゥがやり返す。こうしたせめぎ合いの中、55-57の2点差で第4Qに突入した。

このクォーターは、千葉Jの選手が得点したかと思えば、ジェレットがバスケットカウントを獲得。比江島が3Pシュートを決めたかと思えば、今度は富樫が3Pシュートを決めてやり返すという、得点の応酬が続いた。

試合時間、残り1分を切ったところで、比江島がシュートを決めて78-77とブレックスが1点リードを築いたところで、千葉Jがタイムアウトを取得し流れを変えようとしたが、タイムアウト明けにはジェレットがフリースロー2本を沈め、80-77に。

これでブレックスの勝利が見えてきた。そう思った矢先に、思わぬミスが発生してしまう。フォトゥが放ったパスが相手に奪われ、それがきっかけで千葉Jのヴィック・ローに得点を許してしまい、残り10・9秒で80-80の同点とされてしまった。

比江島の劇的ブザービーター

最後の10秒は、ブレックスのオフェンスからスタートした。スローインされたボールはジェレットに渡り、ジェレットは比江島にボールを託す。比江島は、自分にピッタリと張り付くローに、ドリブルで揺さぶりを掛ける。この巧みなフェイクに引っ掛かりローがシュートを止めようとジャンプした。その隙に、ローを1歩で置き去りにした比江島が、ジャンプシュートを放つ。比江島の手から放たれたボールは、ブザーの音とともにリングを通り抜けていった。

試合を決定付けたこのブザービーターは、詰め掛けた観客を興奮の渦に巻き込んだ。まるで昨シーズン、リーグ優勝を決めた瞬間のように、アリーナ中に歓声が響き渡り、比江島のところにはチームメートが次々と駆け寄り、肩を抱いたり抱き締めたりしながら喜びを分かち合っていた。こうした状況に呆然とする千葉Jの選手たちの中、富樫は笑顔で比江島のところにやってきて、「やったな！」と言わんばかりに比江島の頭をもみくちゃにして去って行った。

SEASON MEMORIES 2022-23

消化試合になり兼ねないシーズン最終戦は、これまでのモヤモヤした気持ちを一瞬で拭い去るかのように、両チームが高いレベルで競い合い、そして最後にはお互いのプレーを讃え合うという、バスケットボールの魅力を凝縮した試合となった。

試合後、観客に手を振りながらコートを後にする千葉Jの選手たち。これからCSの舞台で激しい戦いを待つ彼らに、ブレックスのファンから最大の敬意を込めた「GO JETS!」の大合唱が送られたのも、美しい光景だった。

ブレックスの２０２２-23シーズンの最終戦績は、32勝28敗で東地区3位（リーグ全体で9位）となり、厳しいシーズンだったことをこの数字が物語っていた。シーズン序盤は連係の部分で粗が目立ち、チームの代名詞ともいわれたディフェンスの強度も決して高いとは言えなかった。だが、シーズン終盤に掛けてケミストリーが深まっていくと、華麗なパス回しや泥臭いプレー、最後まで諦めずにボールを追いかけるなど、「BREX MENTALITY」と呼ばれるプレーも多く見られるようになった。

こうして、最後の最後にチームが一つになったことで来シーズンへの希望を繋いでくれた。そんな期待感の持てるシーズンの締めくくりとなった。それだけに、なぜシーズン序盤からこうした試合ができなかったのだろうかと、悔やまれる気持ちが残るのも正直な感想だ。

ここに来るまで、チームは一体どんな道のりを歩んできたのだろうか。今シーズンのブレックスの歩みを紐解いてみたい。

今シーズンは2選手が新たに加入

２０２１-22シーズンに2度目のリーグ優勝を飾ったブレックス。シーズン終了後には、それまでチームを率いてきた安齋竜三ヘッドコーチ（HC）の退団が発表され、アシスタントコーチ（AC）を務めていた佐々宜央氏がHCに就任することが決まった。選手では、ポイントガード（PG）としてチームに勢いを与えていたテーブス海、外国籍選手ではチェイス・フィーラーが移籍となった。

代わって今シーズンからチームに加わったのは、群馬クレインサンダーズから移籍した笠井康平と、富山グラウジーズから移籍したジュリアン・マブンガ、そしてアジア特別枠のヤン・ジェミンの3選手。この3

人以外の選手は、継続のまま優勝後のシーズンを戦うこととなり、大きなメンバーの変化がないことを鑑みても、今シーズンは大崩れはしないだろう、というのがシーズン開幕前の印象だった。

開幕節の相手は、前シーズン、ブレックスと優勝を争った琉球ゴールデンキングス。「昨シーズンのファイナルの再来」と注目された2試合だったが、1戦目は52-81でブレックスの大敗。2戦目も70-85で敗れ、ブレックスの2連敗という予想外の結果でシーズンの幕を開けた。

この2連戦、ブレックスは琉球の鉄壁のディフェンスを前に攻めきることができず、精彩を欠いたプレーを連発。翌週の試合でもなかなか連係が取れずに敗戦し、開幕3連敗となってしまった。その後は3連勝を挙げたものの、再び3連敗と、なかなか波に乗れないシーズン序盤となった。

この時点で、ファンの間に動揺が走ったのは言うまでもない。大型選手の加入として期待されたマブンガのコンディションが良くなく、期待した活躍が見込めなかったのは、チームにとっては誤算だったと言っていいだろう。

UTSUNOMIYA
BREX

外国籍選手が欠けた中で奮闘

9試合を終えて3勝6敗となった11月半ばにはマブンガの退団が発表され、代わりの外国籍選手が加入するまでの期間は、ジョシュ・スコットとフォトゥという2人の外国籍選手で戦うことを余儀なくされた。その間、この2選手がチームを支えるため奮闘し、また、竹内公輔も彼らを助けるべくゴール下で体を張るなどして、この期間を凌いだ。

新たな動きとなったのが12月10日、ジェレットの加入だ。また、同13日には、大東文化大学に在学中の高島が、特別指定選手として登録されることが発表された。

途中加入となる彼らがすぐにブレックスのバスケットスタイルを理解し、即戦力となるのは難しいかもしれないが、それでも2人の外国籍選手で戦うには体力的にも限界がある。ましてや、なかなか勝率が上がらないブレックスにとって、彼らの加入はチームに変化をもたらす一つの希望でもあった。

ガード陣の方はどうかというと、今シーズンのブレックスは田臥勇太、渡邉裕規、鵤誠司、笠井と、PGのポジションに4人の選手を擁していたこともあり、ベテランの田臥がベンチ外となることも多く、時として渡邉や笠井もベンチから外れる試合があった。また、本来スモールフォワードのポジションである荒谷裕秀にPGを任せた時期もある。当然、チーム内でのプレータイム争いもあるだろうが、それ以前に、佐々HCの思い描くバスケットボールを遂行するためには、どの選手をどのタイミングで、どのメンバーと一緒に出すことが効果的なのかを試しているようにも見えた。

こうした試みもあってか、この時期はなかなかボール運びがままならず、ターンオーバー(攻撃側のミス)が目立つようになった。

12月はブレックスにとって最も厳しい時期だったと言っていいだろう。12月の戦績は3勝8敗と、圧倒的に黒星が先行している。そんな中で、先に挙げた2選手がチームに加わったのだから、好転の期待が膨らむのも致し方ない。

ところが、今度はチームのエース、比江島がけがをしてしまい、しばらく試合から離れることになった。後に、シーズン序盤の勝ち星がなかなかつかめなかった時期を振り返り、佐々HCはこんなことを話している。

「これはコーチとしての言い訳ですが、最初の9試合はジュリアンのコンディションが良くない状況でした。次の9試合は、ジュリアンが去って外国籍選手が一人欠けた状況で戦い、グラントが来たと思ったら、その後の6試合は比江島がけがで欠場。比江島が戻ってきたら、アイザックが2試合欠場。そうしてやっとあの名古屋ダイヤモンドドルフィンズ戦（1月7日、8日）が、今シーズン初フルメンバーで戦えた試合でした。なので、僕のイメージでは、この名古屋D戦からスタートを切ったという感覚です。

シーズンスタートの時期に外国籍選手のところがうまくいかなかったこと、12月に入ってから慎がけがをして、また状況がガラッと変わったこと。この二つがきつかったですし、チームづくりという意味では非常に厳しいところでした」

全選手がそろった名古屋D戦

選手が全員そろい、やっと新たなスタートを切った1月7日の名古屋D戦。この試合は、遠藤が高確率でシュートを決め、チームを引っ張る活躍を見せた。また、荒谷や高島という若い選手たちも守備でチームに貢献し、80-79と1点差でブレックスが勝利を挙げた。翌日の試合は3点差で敗戦となったものの、チームが変わっていく予兆を見せた転機の2連戦となった。

ブレックスはその後4連勝を挙げるなど好転の兆しは見せるものの、それがなかなか安定しないまま、シーズン後半戦に突入した。

4月8日の茨城ロボッツ戦で敗れたブレックスは、CS出場の望みが完全に消滅。翌日の試合にも敗れ、4連敗を喫した。10年ぶりにCS出場を逃したことで、残りの試合に掛ける選手のモチベーションが懸念されたが、この日の試合後の記者会見で、田臥はこんなコメントを残している。

「消化試合だと思っている選手は誰一人としていないと信じています。今日の声援を聞いて、このチームを最後まで応援したいと思ってもらえるようなプレーを最後までしなければいけないと強く思いました。ですから、今後の試合は全勝する気持ちで挑みたいです。挑戦する姿勢は何一つ変わらないし、そのためのアプローチも変えるつもりもありません。むしろ最後にギアを一段上げて、最後まで全力で走り抜けます」

この言葉を裏付けるように、ブレックスは4月12日の仙台89ERS戦を勝利で飾った。次の群馬クレインサンダーズとの2連戦は1勝1敗となったものの、チームの雰囲気、戦い方なども少し変化が表れてきた。

4月15日の群馬との1戦目。第1Qに遠藤が3本の3Pシュートを沈めると、第2Qには笠井が連続得点を挙げて、チームに勢いを付ける。43-30と13点リードで折り返したブレックスだったが、第3Qでは相手に連続得点を決められ逆転されてしまう。そうして第4Qには、さらに点差を付けられて71-79で敗戦となった。ところが、内容的には強度の高いディフェンスやリズム良いパス回しなど、ブレックスらしいプレーの数々が随所に見られ、敗戦こそしたもののファンを楽しませる試合内容となった。

良い感触を維持したまま迎えた翌日の試合は、出場選手全員が得点を挙げ、82-57で快勝。次節のレバンガ北海道戦にも勝利したブレックスは、秋田ノーザンハピネッツ、滋賀レイクスにも勝利し、6連勝と波に乗った。そうして、いよいよ最終節の千葉J戦を迎えることになった。

最後にチームが一つになった

なかなか安定して勝ち続けることができなかった今シーズンのブレックスが、シーズン終盤にきて、やっと本来の姿を取り戻してきた。最後の最後にチームが一つにまとまり、連勝できた要因は何だったのだろうかと考えてみた。

一つは、途中加入のジェレットと高島がチームに馴染み、自分の良さを出し始めたことだろう。加入当初は、彼らがどのようなプレーヤーなのかを探りながら試合が進んでいただろうし、ジェレットや高島にしてみれば、どこまで自分を出していいのか、彼ら自身も探りながらのプレーだっただろう。それが練習や試合を重ねる中でお互いを理解し、どうすればチームがうまく回るのかが見えてきた。それが、終盤に掛けての時期だった。

また、高島はディフェンス力に長けていたこともあり、持ち味である強固なディフェンスが影を潜めてしまったブレックスにおいて、ディフェンスでチームに貢献し、エナジーを与え続けたことは、チームにとって大きなプラス要素となった。

二つ目は、不安定だったボール運びの部分が、終盤の試合では安定していったことも要因の一つと言える。前述の通り、PGの部分をいろいろと試しながらシーズンを戦っていたが、4月21日の秋田戦頃から、渡邉と笠井のツーガードを使うようになった。それによりPGとしては笠井を起用し、渡邉はシューティングガードとして得点を挙げることに徹することができた。こうした起用法が功を奏し、オフェンスがうまく回りだしたのだ。笠井はボール運びを担うだけでなく、粘り強いディフェンスでチームに貢献。最後まで諦めずにボールを追う姿に、BREX MENTALITYを感じることができた。

三つ目は、竹内、喜多川修平というベテラン選手の活躍だ。竹内は、外国籍選手が2人しかいない時期に、彼らのどちらかがベンチに下がった際も遜色ない仕事を全うするなど、シーズン通して縁の下の力持ちとしてチームを支えた。喜多川は、シーズン序盤はプレータイムが少ない時期があり苦しんだと思うが、そこで気持ちを切り替えて、腐ることなく前を向き続けた。いつ声が掛かるか分からない状況でも準備を怠らず、決して試合から気持ちを離さなかった。実際、試合に出れば、コートに入った瞬間からマックスの状態でディフェンスに当たり、ほしい場面でシュートを決めるという、まさしく職人のような活躍を見せたことで、シーズン終盤にかけてプレータイムがどんどん増えていった。

当然、スタートで出ている比江島、遠藤、鵤、スコット、フォトゥのシーズン通しての活躍は言うまでもない。彼らの安定した活躍があってこそ、チームは東地区3位にとどまることができたわけで、チームの土台を作っているのは、間違いなく彼らだろう。

最終節となった5月6日、7日の千葉J戦で、シーズン最高の試合をしたブレックス。もしこの状態でCSに出ていたら…と想像が膨らんでしまうほど、最後は良い状態でシーズンを終えることできた。

ここから先は、もう積み上げていくだけだ。このオフには、選手の動きも少なからずあるだろうが、今シーズンの経験を土台にして、さらに上乗せしていくことで来シーズンは良いスタートが切れるはず。そう期待に胸を膨らませて、2023-24シーズンの開幕を楽しみに待ちたいと思う。

2022-23 レギュラーシーズン

試合結果（32勝28敗＝東地区3位）

GAME 1	10.01	A	琉球ゴールデンキングス	×	52-81
GAME 2	10.02	A	琉球ゴールデンキングス	×	70-85
GAME 3	10.08	A	大阪エヴェッサ	×	68-70
GAME 4	10.09	A	大阪エヴェッサ	○	87-82
GAME 5	10.14	A	仙台89ERS	○	71-70
GAME 6	10.15	A	仙台89ERS	○	63-59
GAME 7	10.22	H	アルバルク東京	×	75-77
GAME 8	10.23	H	アルバルク東京	×	57-60
GAME 9	10.26	H	千葉ジェッツ	×	58-87
GAME10	11.19	A	シーホース三河	○	81-69
GAME11	11.20	A	シーホース三河	○	74-65
GAME12	11.26	H	京都ハンナリーズ	○	83-75
GAME13	11.27	H	京都ハンナリーズ	○	81-58
GAME14	11.30	H	群馬クレインサンダーズ	○	91-89
GAME15	12.03	H	横浜ビー・コルセアーズ	×	77-87
GAME16	12.04	H	横浜ビー・コルセアーズ	×	72-73
GAME17	12.10	A	富山グラウジーズ	○	77-66
GAME18	12.11	A	富山グラウジーズ	○	82-76
GAME19	12.14	H	秋田ノーザンハピネッツ	×	53-71
GAME20	12.16	A	川崎ブレイブサンダース	×	86-97
GAME21	12.17	A	川崎ブレイブサンダース	×	66-70
GAME22	12.24	A	茨城ロボッツ	×	67-79
GAME23	12.25	A	茨城ロボッツ	○	68-64
GAME24	12.28	H	アルバルク東京	×	69-82
GAME25	12.31	A	信州ブレイブウォリアーズ	×	61-83
GAME26	1.01	A	信州ブレイブウォリアーズ	×	62-70
GAME27	1.07	H	名古屋ダイヤモンドドルフィンズ	○	80-79
GAME28	1.08	H	名古屋ダイヤモンドドルフィンズ	×	67-70
GAME29	1.11	H	仙台89ERS	○	62-55
GAME30	1.18	A	レバンガ北海道	○	85-70
GAME31	1.21	H	ファイティングイーグルス名古屋	○	74-59
GAME32	1.22	H	ファイティングイーグルス名古屋	○	67-62
GAME33	1.28	H	広島ドラゴンフライズ	×	66-72
GAME34	1.29	H	広島ドラゴンフライズ	○	81-73
GAME35	2.04	A	新潟アルビレックスBB	○	104-64
GAME36	2.05	A	新潟アルビレックスBB	○	86-54
GAME37	2.11	H	レバンガ北海道	○	101-73
GAME38	2.12	H	レバンガ北海道	×	64-77
GAME39	3.08	A	千葉ジェッツ	×	68-81
GAME40	3.15	A	群馬クレインサンダーズ	○	81-55
GAME41	3.18	H	島根スサノオマジック	×	60-70
GAME42	3.19	H	島根スサノオマジック	×	61-73
GAME43	3.22	A	秋田ノーザンハピネッツ	○	73-63
GAME44	3.25	H	三遠ネオフェニックス	○	80-68
GAME45	3.26	H	三遠ネオフェニックス	×	56-59
GAME46	4.01	H	サンロッカーズ渋谷	○	78-64
GAME47	4.02	H	サンロッカーズ渋谷	×	75-81
GAME48	4.05	A	アルバルク東京	×	67-81
GAME49	4.08	H	茨城ロボッツ	×	69-80
GAME50	4.09	H	茨城ロボッツ	×	66-72
GAME51	4.12	A	仙台89ERS	○	74-69
GAME52	4.15	A	群馬クレインサンダーズ	×	71-79
GAME53	4.16	A	群馬クレインサンダーズ	○	82-57
GAME54	4.19	H	レバンガ北海道	○	62-53
GAME55	4.21	A	秋田ノーザンハピネッツ	○	86-72
GAME56	4.22	A	秋田ノーザンハピネッツ	○	85-80
GAME57	4.29	A	滋賀レイクス	○	86-74
GAME58	4.30	A	滋賀レイクス	○	81-68
GAME59	5.06	H	千葉ジェッツ	×	89-92
GAME60	5.07	H	千葉ジェッツ	○	82-80

2022-23

宇都宮ブレックス　2022-23 season

勇者たちの素顔「FACE」

なかなか結果が出ない苦しいシーズンだった。
それでもかけがえのないファンの存在が自分たちをポジティブにさせてくれた。
BREX MENTALITY、それぞれの想いと感情に多少の違いがあっても
応援に応えたい、声援に返したい、勝ちにこだわりコートに立つチームの姿は、
誰の目にも学びが多く印象的なシーズンだったに違いない。

BREX
栃木銀行

TAMAPOLY

比江島 慎

「このシーズンがあったからこそ、また優勝できた」と言えるように

勇者たちの素顔
FACE #6

藤井洋子・文　山田壮司・写真

――2022-23シーズンは、32勝28敗で東地区3位という戦績になりました。

苦しいシーズンでした。昨シーズン、チャンピオンになって相手により研究される立場になり、僕らのインサイドを生かしたプレースタイルを封じられたり、自分へのマークが厳しくなったりもしました。また、メンバーが全員そろわない状態が続き、いろんな部分で難しさを感じました。でも、最後はチームが一つになって、もっと試合数があれば、もしかしたらチャンピオンシップ（CS）に進めたんじゃないかと思うぐらいのところまでいけたので、最後には手応えを感じることができました。

――CSに出られないのは、比江島選手は初めての経験だったと思います。

そうですね。切り替えるのは難しかったですけど、僕としてはシーズンが終わってもW杯までに成長したいという思いもありましたし、ファンの皆さんは変わらずに会場に来てくれたので、ブレックスのチームカラー的にも、諦めない姿を見せなければいけないと思っていました。チーム全員がそうしたモチベーションでやれたので、気持ちを切らすことなく最後までプレーできました。

――シーズン中盤の12月は3勝8敗と今シーズンの中でも一番勝ち星が少ない時期でした。その時のチーム状況について教えてください。

戸惑いはありました。負けが続いていたので、このままのバスケットをやっていていいのかという不安に陥ることもありました。僕自身も12月からけがをしてしまい、新しく来た選手もまだまだフィットしているとは言い難い状況でもありました。チームがマイナスな方向に行きかけたこともあったのですが、田臥（勇太）さんやナベ（渡邉裕規）さんを始め、経験ある選手が引っ張ってくれたので、僕も復帰してからはプレーの面で引っ張っていこうという気持ちになりました。誰も人のせいにすることなく、チームで解決できるというのはすごいなと感じますし、やっぱりそこはさすがですよね。

――シーズン終盤は、ジョシュ・スコット選手がけがで出られない中で、グラント・ジェレット選手の活躍が目立つようになりました。比江島選手ともだんだんプレーの面で息が合っていったように見えました。

ジョシュとアイザック（フォトゥ）が出ているときは、2人に中でポジションを取ってもらうことがありましたが、グラントの場合は外もあるので、彼を外に置くことで僕がドライブするスペースがあったり、そこから彼にパスを出して彼が3Pシュートを打つこともできました。彼はパスもうまいし、ブロックショットもできます。最初は、彼に対してどうしてあげたらいいのか分からない状態が続いていましたが、徐々に彼の良さを引き立てて良いバスケができましたし、最後は彼のおかげでチームが本当に良くなったと思っています。

――今シーズンの比江島選手は2桁得点も多くありましたし、アシストもかなり増えました。スタッツについての自己評価をお願いします。

スタッツ的には良かったです。高確率でシュートを決めることができて、アシストも増えたという部分では成長を感じられました。でも、僕の立場的にはチームを勝たせなければいけないので、そこに関しては満足できません。

――チームとして転機になった試合と、個人的にベストプレーだったと思う試合を教えてください。

チームとしては、4月15日、16日の群馬クレインサンダーズ戦と、その後の秋田ノーザンハピネッツ戦（4月21日、22日）が転機になりました。特に22日の試合は印象に残っています。今まではスタメンが点差を付けても、メンバーが替わると追い付かれて逆転されてしまい、それをまた追いかけなきゃいけないということの繰り返しだったのですが、この日は、スタメンが点差を付けられたところを控えのメンバーが取り返してくれて、最後も控えの選手でそのまま勝ち切った試合でした。なので、この秋田戦と群馬戦は、良い勝ち方ができたなと思います。

僕自身のプレーでいえば、もちろん最後の千葉ジェッツ戦（5月7日）は良かったのですが、シーズン序盤の仙台89ERS戦（2022年10月14日）も良かったなと思っています。試合残り数秒で逆転の3Pシュートを決めて、最後にジャスティン・バーレルをブロックショットして勝った試合が、僕としては印象に残っていますね。

――今シーズンはなかなか結果が出ない苦しいシーズンとなりましたが、それだけに学ぶべきものもあったのかなと思います。ご自身の中では、どのように位置付けていますか。

あらためてバスケットの難しさを痛感しました。日本代表では勝てないこともありましたが、チームではこれだけ勝てないことがなかったのですごく悔しかったですし、バスケットはやっぱり一人では勝てないし、

MAKOTO HIEJIMA

【 ひえじま まこと 】

1990年8月11日生まれ、福岡県出身。191㎝、88㎏。
青山学院大学→2013年シーホース三河→
18年ブリスベン・ブレッツ（オーストラリア）→
19年からブレックス。
日本代表として13年 FIBAアジア選手権 9位、
東アジアバスケットボール選手権大会 3位、
14年 FIBAアジア大会 3位、15年 FIBAアジア選手権 4位、
17年 東アジアバスケットボール選手権大会 3位など。
国内リーグ等の受賞は15-16 レギュラーシーズンベスト5、
16-17レギュラーシーズンベスト5、
17-18レギュラーシーズンMVP / ベスト5、
2021第96回 天皇杯ベスト5、
21-22 CHAMPIONSHIP MVPなど。

FACE #6

チームでやらないと駄目だよな、ということを実感しました。

この経験は、絶対に無駄にしたくないです。「このシーズンがあったからこそ、また優勝できた」と言いたいですし、そう言えるように成長し続けたい。だから苦しいシーズンでしたけど、価値があるシーズンにしたいです。振り返ると、昨シーズンの優勝も、その前のシーズンのファイナルの悔しい負けから繋がっていたので、また新たなモチベーションを見付けられたと思っています。

――比江島選手が考えるエース像とは、どのようなものですか。

全責任があるというか、その選手によって勝敗を左右する存在であり、チームを勝たせられる選手だと思います。声でも、プレーでも、姿勢でも引っ張っていける選手が理想ですが、それはキャプテンだったり、ＨＣに助けてもらいながら。でも、試合の大事な局面や勝敗の分かれ目のプレーの差はエースの差だと思うので、そこは絶対に勝ちたいです。

――思い描くエース像に対して、今シーズンの自分はどこまでできたと思いますか。

昨シーズン聞いてもらえたら、もしかしたら「１００点」と答えていたかもしれないです（笑）。それは冗談ですが、チームに対して声を出して引っ張っていくとか、良い雰囲気にしていくことはできていないので、まだまだです。

――2022-23シーズンは終了しましたが、比江島選手はこれからW杯が控えています。日本代表ではどのようなことを意識して臨みますか。

まだ選ばれるかどうかが分からない状

態なので、まずは絶対にメンバーに選ばれること。そうして、もし出ることができたら、やっぱり勝ちたいです。僕は代表で10年以上プレーしていますが、W杯ではまだ1勝もできていないのでまずは絶対に1勝したいです。それにパリ五輪につながる大会でもあるので、1勝することを最低条件としてパリ五輪の切符を取りたいと思います。

　野球のWBCやサッカーのW杯は日本中が盛り上がっていましたよね。僕、それにすごく刺激を受けまして。ああいう雰囲気をつくれるようになれたらいいなとも思います。バスケットの日本代表が、日本中から応援されるチームになることを目指してやっていきます。

MANI
BREX
栃木銀行
0

田臥勇太

全員が投げ出さなかったことを誇りに思う

昨シーズン、5季ぶり2度目のリーグ優勝を飾ったブレックス。開幕前には新外国籍選手を補強し連覇に向けた周囲の期待は嫌が応にも高まっていた。だが、その期待とは裏腹にチームは序盤から思うように勝ち星を積み上げていけず、群雄割拠のリーグ戦において連覇はおろかチャンピオンシップ(CS)に出場することすらかなわなかった。それでも選手たちは最後まで走り続けることを止めなかった。自分たちのプライドのために、そして最後まで応援し続けるファンのために—。

「長いシーズンの中で多くのアップダウンがありましたが、チームとしては毎日の練習や毎週の試合に向けて一つ一つのことを積み重ねていく過程を大事にできたと思います。それが結果に結び付かなかったことは悔しいことですが、こうした経験を無駄にしないようにしないといけません。このチームはもっと成長していけるチームです。全員が最後まで投げ出さずにやり続けたことを誇りに思います」。

チームを束ねる主将であり、精神的な支柱でもあった在籍15季目のレジェンドは今シーズンを振り返りそう力を込める。

最終的にチームの歯車がかみ合ったと言えるのはシーズンの終盤戦に入ってからのことかもしれない。ただ、どんなに苦しくても、沈んだままーズンを終えるのと次につながる光をつかんで終えるのでは「雲泥の差」と田臥は言う。計り知れない悔しさも失望も喪失感も味わった。それでも最後に全員がまとまり、同じ方向を向いて戦えたことは「非常に大きかったと思います」と振り返った。

「やらなければいけないことをやり続けた」後半戦

チームが終盤戦にかけて調子を上げていった要因はどこにあったのだろうか。田臥は「目指すバスケットボールを実現するためにやらなければならないことをやり続けたから」と分析する。前半戦は外国籍選手の入れ替えなどがあったことで歯車がずれ、それをかみ合わせる作業に多くの時間を費やした。そうした側面に目が向いてしまっていた反省から、後半戦では自分たちがやるべきことに焦点を当て、それに徹するようチーム全体で言い合ってきたという。

「(成績が)良くないからといって、やることを変える必要はないしコーチ陣も続けさせてくれました。それを全員が信じていたからこそ同じ方向に向かうことができ、それによって終盤にかけて徐々に歯車がかみ合ってきた。全員で良い方向に向かっていけた結果が上り調子の終盤戦につながったと思います」

持ち味である粘り強いディフェンスや泥くさいルーズボール、スペースをうまく使いながらボールを動かすチームオフェンスなど約束事を改めて徹底し続けたことで、チームは本来のバスケットを少しずつ取り戻していった。「これだけやれるメンバーがいますから、極端に言えば勝てない訳がないと思っていました」。最終戦で千葉ジェッツに対してみせた戦いぶりはCSに出場できていれば好勝負を演じてもおかしくないと思わせるほどの充実ぶりを誇っていた。

「非常に楽しかったシーズン」

優勝した翌年に開幕から波に乗れなかったシーズンは今シーズンだけではない。Bリーグ初代王者に輝いた翌年の2017-18シーズンも新ヘッドコーチの元で連覇に挑んだが、今シーズンと同様序盤でつまずいた。難しさも感じていたが「それはしょうがないこと」。そう割り切りシンプルな思考で日々の練習と試合に全力を出し切ることだけに集中していたという。

だが、開幕から苦しむチームにあって42歳の出場機会は大幅に減少した。出場試合は14試合、シーズンを通しての出場時間もわずか47分。思うように勝ち星を重ねられなかった前半戦はチームとしてさまざまなことを話し、探る作業にも時間を割かなければならなかった。そうした作業に田臥は楽しさを感じていたという。

「新しいチームですし、選手一人変わるだけでチームは大きく変わります。チームをどうつくるか、成長させていけるかというチャレンジは自分の中で大きかった。そのチャレンジを僕自身前向きに捉えていたので普段の練習も毎回実りがあり、意味のあるものになっていたと感じます」

コートでもベンチでも、その持ち場で与えられた役割に全力を注ぐことこそが「選手にとっての自然なこと」であると田臥は捉えており、それを当たり前に実践することは出場時間の多い少ないに関わらず変わらない。胸に秘めた悔しさは表に出すことなく、そのことにだけフォーカスし続け、どんな状況にも対応するための日々の準備を怠らなかった。うまくいったこともそうでないことも全て引っくるめて、そうした時間を積み重ねてきた中で感じた楽しさ。そんな経験ができた今シーズンは「非常に楽しかった」という。

プレーに対する意欲は「増す一方」

劇的な形で勝利を飾った千葉ジェッツとの最終戦後の会見で自身の来シーズン以降について問われた田臥は「全然まだまだやりたいと思っています」と即答した。そうした意欲は衰えるどころか増していく一方だという。「こういう試合をチームメートとできただけでもまた来週もバスケがしたいという気持ちになっていますし、そうさせてくれるチームメートに感謝

勇者たちの素顔

FACE #0

小玉義敬・文　山田壮司・写真

です」

　この試合で田臥は第1クォーター（Q）の終盤に出場。わずか33秒のプレーだったが、「あそこで一回相手の速攻を止めていれば、最後にマコ（比江島慎）がタフショットを打たなくても良かったのかなとか思います。あの時間帯の中でも責任はあります」と語る。わずかな時間でもいかにチームに貢献できるかを常に考えながらプレーする。その思いは何歳になっても変わらない。「その気持ちを来シーズン以降につなげられたらなと思います」と見据える。

ファンの応援が原動力に

　今シーズン、試合後の会見に田臥が参加した際には必ず語っていた思いがある。それはチームを後押しするファンへの感謝の思いだ。最終戦後も「チーム全員とファンの皆さんで最後の最後まで一緒に戦い抜けたことが良かったです」「ファンの皆さんの後押しがなければこういった展開にはなっていなかったと思います」と何度も強調していた。「ファンへの恩返し」は終盤戦を戦うチームの中で合言葉のように繰り返され、原動力にもモチベーションにもなっていた。

　年齢を重ねてきたとはいえ、田臥を観たいと感じるバスケットボールファンは日本各地に存在する。アウェーゲームでコートに立った際に送られる拍手と大歓声がそれを物語っていた。特に高校時代を過ごした秋田で行われた第34節の秋田ノーザンハピネッツ戦では、第1Qからコートに立つと会場から大きな歓声が上がっていた。

　「もしかしたら高校から観てくれている人がいたかもしれない。試合に出る、出ないに関わらずフロアに立てば反応してくださるというのはこんなにうれしいことはないです。それが自分の原動力にもなっていますし感謝の気持ちでいっぱいです」とかみしめる。

完全なチャレンジャーとして来季へ

　天皇杯や東アジアスーパーリーグも含め、これまで以上の高みを目指して戦った今季。タイトルとしての結果は残らなかったが、得た経験はチームの血肉となり伝統の一部として未来へとつながっていくはずだ。「今シーズンもディフェンディングチャンピオンということは考えていなかったですけど、来シーズンは完全なチャレンジャーとして挑んでいくことができます。そうやって歴史をつくり、キャリアは積み重ねていくものだと思います。今シーズンの経験を必ず次につなげたい。そういう思いで終われたのは良かったのかなと想います」

FACE #0

【　たぶせ　ゆうた　】

1980年10月5日生まれ、神奈川県出身。173cm、77kg。
能代工業高校時代に高校総体、
国体、選抜大会の「高校３冠」を３年連続で達成。
ブリガムヤング大学ハワイ校卒業後、トヨタ自動車で
１年間プレーした後、NBA挑戦のため渡米。
2004年、NBAフェニックス・サンズでプレー。
その後、米国マイナーリーグなどを経て
2008-09シーズンよりブレックス。
国内リーグ受賞歴は、2008-09リーグベスト5、
アシスト１位、スティール１位、2009-10 プレーオフMVP、
2013-14 リーグベスト5、アシスト１位、
スティール１位、2014-15 リーグベスト5、
アシスト１位、2015-16 リーグベスト5など。

YUTA TABUSE

MANI
BREX
栃木銀行
34

勇者たちの素顔

FACE #9

藤井洋子・文　山田壮司・写真

INTERVIEW

遠藤祐亮

ブレックスのファンは日本一だと、あらためて実感した

—今シーズンの感想を聞かせてください。

シーズンがスタートしたときからうまくいかない状況が長く続きました。年明けからは連勝するなど、良くなっていく兆しのようなものが見えましたが、それも続かず、波のあるシーズンでした。ですが、最後に向けてどんどんチームが良い状態になっていき、最終節の千葉ジェッツ戦、その前節の滋賀レイクス戦などは、良い試合ができたと思います。

—シーズン序盤の「うまくいかない状況」が続いた時期は、どのようにチームを見ていたのですか。

シーズン開幕前に、ジュリアン・マブンガの加入が決まり、リーグでもナンバーワンの選手が来てくれるんだと思った反面、プレースタイルが違いすぎるので、チームにフィットするのに時間が掛かるだろうなという気持ちがありました。また、彼を含めた新たなチームをつくっていくには、自分が変わらなければいけない部分もあるだろうと考えていました。

シーズン開幕前からジュリアンを中心にしたチームづくりをしていたので、彼がシーズン途中でチームを離れたことで、ゼロからチームをつくらなければいけない状況になりました。外国籍選手も2人しかいない中でしたし、水曜日にも試合があるというタイトなスケジュールが続き、チームづくりをする前に試合が来てしまうような状況で、本当に難しかったです。

昨シーズン優勝したメンバーの5人が一緒に試合に出ていて、バックアップメンバーもずっと一緒にやってきた選手がいたので、「もう、これじゃ勝てないよ」というように自信を無くすようなことはなかったのですが、それでもなかなか上手くいかなかったです。チームが良い方向に行くにはどうするべきか、自分ももっと考えなければいけなかったなと感じています。

—コート上では、遠藤選手がリーダーシップを発揮しているシーンがありましたね。

スタートの5人は自分の話を聞いてくれる人ばかりですし、2年間、一緒にやっているメンバーだったので、コミュニケーションが取りやすかったです。

(比江島)慎は、これまでもプレーでみんなを引っ張ってくれていましたが、そこにプラスして、今シーズンは「こうしてほしい」など、自分の意見を言うようになってきたり、(鵤)誠司もポイントガードとしての自覚が出てくるなど、僕だけじゃなく全体的に変わってきたと思います。

—ご自身のプレーについては、どう感じていますか。

慎がけがで試合に出られなかった時期に自分の調子が上がってきて、手応えをつかんだのは良かったのですが、慎がけがから復帰した段階で、僕は3Pシュートが入らなくなってしまい、自信がなくなってしまいました。なので、個人的にも波があるシーズンでした。

—シーズン中盤までは、3Pシュートの成功率が日本人選手でトップでした。

シーズン序盤はあまり調子が良くなくて、11月のバイウイーク明けから調子が上がっていき、3月頭のEASL(東アジアスーパーリーグ)までは、「シュートを外す気がしない」というような感覚がありました。でも、EASL後から急にパフォーマンスが下がってしまいました。本当は慎がケガから戻ってきたタイミングで、相乗効果で上がっていけば良かったのですが、そこで結果が残せなかったことが悔やまれます。そのまま上り調子でいければ、勝てた試合もあったと思うので。

—遠藤選手は長くこのチームにいるので、いろんなシーズンを見てきたと思います。今シーズンのブレックスはどういうチームだったと思いますか。

フォーメーションなどは、昨シーズンとそれほど変わることなく継続された部分も多かったので、そういう部分での難しさは感じませんでした。ただ、エクスキューション(戦術遂行)の部分が、昨シーズンに比べ

FACE #9

YUSUKE ENDO

【 えんどう ゆうすけ 】

1989年10月19日生まれ、
千葉県出身。186㎝、87㎏。
大東文化大学→2012シーズン途中にコールアップされ、TGI・Dライズからブレックスへ。16-17ベストディフェンダー賞、18-19シーズンベスト5、ベストディフェンダー賞。

ると良くなかったと思います。スペーシングなど、細かいところまで徹底できませんでした。でも、最後の千葉J戦は攻めやすかったですし、千葉J相手に80点以上も得点できるなど、良い状態で終わることができました。

ちょっとしたことでも40分間徹底できずに負けてしまう試合が多かったので、自分たちの形を見つけるのに時間が掛かったシーズンでした。

――確かに、「時間が掛かったシーズンだった」と話されている選手が多いですね。それは具体的にどういうことなのでしょうか。

自分たちのスタイルは変わっていないのに、内容が違うものになってしまったということは、良かった部分を自分たちで失くしてしまったのだと思います。なので、「どういうチームだったか」と聞かれると難しいですね。「形がなかった」という感じかなと、自分では思います。

――チャンピオンシップ（CS）進出がなくなってからのメンタルの持って行き方は難しくありませんでしたか。

昨シーズン優勝して、それ以前もCSには毎シーズン出ていたので、やっぱり残念

な気持ちは強いです。ブレックスはCSを経験している選手が多いですし、CSってまた一つギアが上がるので、そこで力を発揮できる選手が多くいるからこそ、なかなか勝てなかったシーズンだとしてもCSには出たかったです。

でも、CSがなくなってからも足を運んでくれるファンの方々がいて、そういう方々のおかげで僕たちは試合ができているのだと考えると一試合一試合を疎かにできないし、そういう方たちのためにも、気持ちを入れてやらなきゃいけないという思いになりました。

――CSに出られない中でも、ファンの皆さんはアリーナを満員にしてくれました。久々の声援を聞いて、どう感じましたか。

CSに出られないのは僕にとっては久しぶりのことで、ルーキーシーズン以来だったので、ファンの方々が離れてしまったり、試合を観なくなったりすることもあるのかなと思っていました。でも、CSに出られないと決まってからも、多くの人が会場に足を運んでくれて、SNSでは「CSがなくなっても変わらずに応援します」というメッセージを見たりもしました。

僕は、強いブレックスというか、結果を残せているブレックスを観たいというファンの方が多いと思っていたのですが、実際にはそうではないのかもしれない、と思えました。変わらずに応援してくれるんだと分かって、すごくうれしかったです。

このうれしい気持ちを返せるのは、勝つことであり、優勝することだと思います。今シーズンは、ファンの皆さんの気持ちを受け取っただけだったので、しっかりと返せるように強くならなきゃいけないと感じました。それに、ブレックスのファンはやっぱり日本一だなと、あらためて実感できたシーズンでした。

栃木銀行
ALMEX
TECHNOLOGIES

勇者たちの素顔

FACE #13

藤井洋子・文　山田壮司・写真

HIRONORI WATANABE

渡邉裕規

自分自身を見つめ直したシーズンだった

「年々Bリーグのレベルが上がっている中で、1勝することの難しさを、また1から学ばせてもらったシーズンでした」

2022-23シーズンをこう総括した渡邉。新しい選手がチームに加われば、当然、新たなメンバーで〝勝つバスケット〟を構築していく必要があるが、新メンバーがチームにフィットするまでには、それ相応の時間が掛かる。

「僕らは、少しでも早くチームに馴染むように、いろいろとアドバイスすることはできますが、新加入の選手たちはそれをコートで体現する難しさがあったんじゃないかと思います。彼らにとっては、このチームに合わせることが優先になっていただろうし、お互いの特徴をつかんで、楽に、気持ちよくプレーするというところに辿り着くまでに時間が掛かってしまいました」

コミュニケーションを取るのに立場なんて関係ない

渡邉のように長く在籍する選手が、新メンバーにアドバイスする姿は、ブレックスではよく見かける光景であり、それは今シーズンも変わることはなかった。そのため、「常にほかの選手とコミュニケーションを取っていますね」とか、「バイスキャプテンとしてチームをまとめるために取り組んでいることは？」などと、つい通り一辺倒な質問をしてしまうのだが、そうすると決まってこう一蹴されるのである。

「コミュニケーションを取るのは今に始まったことじゃないし、前からやってることだからそこはずっと変わらないです。みんなとコミュニケーションを取るとか、アドバイスをするとか、そんなことチームスポーツなんだから当たり前ですよ。それはバイスキャプテンだからやらなきゃいけないなんて思ったことはないですし、コミュニケーションを取るのに立場なんて関係ないです」

こういう答えが返ってくることは、これまでの経験上分かっているはずなのに、次もまた同じような質問をしてしまうのは、それを当たり前のように実行できる人間は、実はそれ程多くないと思うからであり、こうした行動がチームを一つにまとめあげる「核」になっていると感じるからだ。

CS出場を逃した悔しさ

渡邉がブレックスに加入したのは、2013-14シーズンから。それ以前のブレックスは、2009-10シーズンにJBL優勝を飾り、その後の3シーズンはプレーオフ（現在のチャンピオンシップ）出場を逃している。3シーズン連続でリーグ6位に低迷していたブレックスが大幅にメンバーを替え、新たな出発と位置付けて挑んだのが、2013-14シーズンだった。

このシーズンは、渡邉のほかにライアン・ロシター、トミー・ブレントン、古川孝敏が加入するなど、ブレックスの一時代を築いたメンバーが一斉に顔をそろえた年でもある。しかし、こうしたメンバーも一人、また一人と移籍していき、現在もブレックスでプレーしているのは、渡邉ただ一人となった。

渡邉がブレックスに加入してから昨シーズンまで、ブレックスはチャンピオンシップ（CS）進出を逃したことがなかった。それだけに今シーズンCS出場を逃したことに対して、並々ならぬ悔しさがあったのではないだろうかと推測し、その辺りの率直な気持ちを聞いてみたかった。

「CSに出られないのは、僕がブレックスに移籍してからは初めてのことで、自分の中ではそこにプライドを持ってやっていました。これまで誰にも言ってはいなかったですが、僕が（ブレックスを）辞めるまでは、CS出場は絶対に守り続けようと思っていたので、今回それが絶たれてしまったのは非常に残念です。初めてブレックスでCSに行けなかった。やっぱり、そこが一番悔しかったです」

成長を促してもらった

渡邉自身は、シーズン序盤はなかなか調子が上がらず、「さまざまな側面から

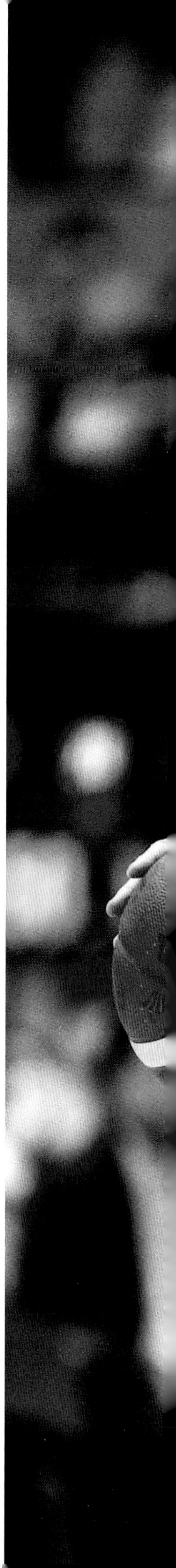

勇者たちの素顔
FACE #13

藤井洋子・文　山田壮司・写真

自分自身を見つめ直した」と話す。体が重いから動けないのだろうかと考えて、6kgのダイエットをしたのも、その一つ。

「『お前はシュートが入らなかろうが、何しようが試合には出す』と言われたら、こうしたこともやらないじゃないですか。『大船に乗ったままでいいよ』という環境ではなかったからこそ、気付けたことも多かったです」

シーズン序盤はベンチから外れることもあったが、「この年になっても成長を促してもらったし、ケツを叩いてもらったようなもの」と、それすらも糧にして前を向いた。そうやって、「ほかの人にはない自分の良さは何かと突き詰めていった」ことで、少しずつチャンスが回ってくるようになった。

笠井と一緒にプレーすること

同じポジションの笠井康平には、「もっと自分の良さを出すように」と、助言をした。だが本音を言えば、笠井と一緒にプレーすることで「自分が笠井の良さを引き出せるのに」と考えていた。

「笠井と一緒に出ることで彼の良さを引き出せる自信があったし、彼の負担も僕の負担もお互い軽減できて、特に僕は、彼のおかげで良さが出るんじゃないかと思っていました」

本来、1番（ポイントガード）ポジションを担う2人だが、渡邉自身は1番で出るよりも、2番（シューティングガード）で出た方が自分の良さが出るのではないか、そう考えていた。以前は田臥勇太と、昨シーズンであればテーブス海とツーガードで試合に出ていたときのように、「自分と一緒に切り込んでいく人が欲しかった」のだ。

「笠井がボールを運んできて、僕がピック&ロールを使ってシュートチャンスをつ

くったり、僕から笠井にパスを出してシュートを入れるというプレーができるはず」。渡邉には、そうした自信があった。
　しかし、渡邉と笠井が同時にコートに立つと、どうしてもサイズダウンしてしまうのは否めない。渡邉自身もそれを分かっていたため、「きっと難しいのだろう」と考え、敢えて言葉にすることはなかったという。
　ところが、シーズン終盤の秋田ノーザンハピネッツ戦（4月21日）で、渡邉と笠井が一緒にコートに立つ瞬間が訪れる。

　この試合はボールがよく回り、渡邉は確率良くシュートを決めてチームに勢いを与えた。翌22日の試合は、大差を付けられながらも、渡邉も含む控えの選手たちが大活躍。18点差を逆転するという意地を見せるなど、ブレックスのプライドを取り戻したような印象的な試合展開となった。

シーズン最高の試合

　最終節の千葉ジェッツ戦では、今シーズンの歴代最高勝率を誇る相手に両日とも接戦を繰り広げた。5月7日の試合は、わずか1ゴール差でブレックスが勝利。そこには、チーム一丸となって戦う姿があり、これがブレックスの本来の姿だと思わせてくれる、シーズン最高の試合内容だった。

　試合後、佐々宜央ヘッドコーチ（HC）は記者の質問に対し、こんなことを語っている。

「序盤は若手選手の伸びしろを期待していましたが、最終的には経験のある選手（渡邉、喜多川修平、竹内公輔）のプレータイムが増えていきました。結局、最後はベテランの選手に頼ってしまいました」

　渡邉は、最後の最後にHCにこう言わせることができたのだ。自分の価値をHCに認めさせた、そんな瞬間だったように思う。

FACE #13

【 わたなべ ひろのり 】

1988年3月22日生まれ、神奈川県出身。180㎝、80㎏。
青山学院大学→パナソニックトライアンズ→
2013年シーズンからブレックス。

　シーズンが終わって数日が過ぎたこの日、あらためて現在の気持ちを聞くと、ただ純粋にバスケットが好きだと言わんばかりの表情で、こう話してくれた。
「シーズン終盤のほんの数試合でしたけど、楽しくバスケットができましたし、プレーしていても気持ち良いなっていう感覚がありました。シーズン最初からこういう感覚でプレーできたら良かったんですけど（笑）。だから、いい意味で消化不良なんですよ。いま、すぐにでもバスケットをやりたいくらいです」

勇者たちの素顔
FACE #18

鵜 誠司
もがきながら戦ったシーズン

小玉義敬・文　山田壮司・写真

今シーズンは不動のポイントガードとしてリーグ戦、天皇杯、東アジアスーパーリーグの全試合に先発出場。リーグ戦の全試合先発出場はキャリアで初だった。常にコートに立ち続けた替えの効かない司令塔は、今シーズンの戦いを「昨シーズンとのギャップがものすごくあるシーズンで苦しい結果になってしまいました。もがきながら、それでも何とか最後まで戦ったシーズンだと思います」と総括する。

2020-21シーズンのオフ。チームを長年けん引してきたライアン・ロシターやジェフ・ギブスといった主力が相次いで退団し、チームは昨シーズン、一からのチームづくりを強いられた。新外国人として加入したアイザック・フォトゥやチェイス・フィーラーは開幕からコンスタントに出場を続けていたが、決して前半戦から連係がうまくいっていたわけではなく、「むしろ後半戦から終盤にかけてそこがうまくかみ合うようになってきたのが昨シーズン」と振り返る。

徐々にチームを完成させていった昨シーズンと比較しても、開幕から1カ月半で戦力の見直しを余儀なくされ、後半にかけて急ピッチでチームづくりを行った今シーズンはその時間が圧倒的に少なかったともいえる。

「昨シーズンも優勝しましたけど、レギュラーシーズンに満足がいっていたかと言われれば決してそうではなかったです。ファンの皆さんもどこかもどかしい気持ちがあったと思いますが、僕らもそういった感情を持ちながらプレーしていました」

もがきながら戦っていた選手たち。前半戦では比江島慎やアイザック・フォトゥら主力のけがも重なったが、「長いシーズンを戦う上でけがはあると想定しながらやっていますし、けが人が出ても勝ち切れるチームが本当に強いチームだと思います」と言い訳にしない。強いチームが持つ、欠けた戦力をカバーできるだけの高いチーム力——。「そこが足りなかったように思うし、誰かが抜けると崩れてしまうという部分がありました」と省みた。

埋められなかった「ちょっとの部分」

今季のブレックスはチャンピオンシップに出場した8チームとの対戦で3勝17敗と大きく負け越した。最終戦で千葉ジェッツを破ったように太刀打ちできない程の大きな戦力差があったわけではないし、鵜も「勝つ力やチャンスはあると思っていました」と語る。それでも結果につながらなかったのは局面での「ほんのちょっとの部分」を埋め切れなかったことだと鵜は振り返る。

特に顕著だったのが要所での細かなミス。試合中の流れが勝敗に大きな影響をもたらすバスケットボールにおいて要所のミスは命取りになり、強いチームであればそのわずかな隙を逃すことはない。

「大差で負ける試合もありましたけど、わずかな部分を詰められなかったことで点差が広がった試合も多くありました。選手は一生懸命戦い続けたし、コーチもいろいろなこと考えてやってくれていました。そこを埋め切れていればもっと違うシーズンになっていたと思います」

頭を悩ませた課題の攻撃

チームが苦戦を強いられた要因として特に前半戦で大きな課題となっていたのが攻撃面。それはゲームをコントロールする司令塔としても頭を悩ませていた部分だった。セットオフェンス時に出る「重さ」を解消するためにさまざまなパターンの攻撃を試した中で、振り返れば「たくさんのことをやり過ぎていたように感じます」と分析する。

「例えば、試合中にうまくいったセットプレーがあってもそれを続けずに違うプレーに移ってしまうことがありました。相手に対応されるまでやり続けることが必要だった場面もあったと思います。それは試合によって見極めてやっていくべきところなんですけどそれもうまくいかなかった」

試行錯誤を続けたチームの中で鵜個人としても開幕からパフォーマンスが上がらず、苦しみを味わいながら戦ったシーズンだった。それでも先発で出場を続ける中で後半にかけて状態を上げていき最終的にはチームで唯一となる全試合出場を達成。「もがきながらシーズンを通してやれたことは一つ今後の糧になる部分だと思います」と前を向いた。

MANI
BREX
栃木銀行
18
チャップアップ
ニチレキ

「久しぶりにあの感覚を味わえた」

シーズンを振り返るにあたって印象に残ったプレーを各選手に振り返ってもらうのだが、鶴は「自分のプレーはあんまり覚えていないんですよ。自分にフォーカスすることがあまりない。人のプレーしか覚えていないので」。では、特に印象に残った試合はどうか。悩んだ末、鶴が挙げたのは第27節の三遠ネオフェニックス戦だった。

新型コロナウイルスの感染対策緩和に伴い、今シーズンはBリーグの観戦スタイルにも大きな変化があった。マスク着用の上でファンによる声出し応援も解禁されたが、ブレックスのホームゲームではこの三遠戦で解禁となった。約3年ぶりに戻って来た大歓声は後半戦を戦う選手たちに大きな力を与えていた。「久しぶりにあの感覚を味わうことができました。戦っているこちらもすごく気持ち良かったです」。その試合でキャリアハイのフィールドゴール8本成功、シーズンハイの19得点をマークした鶴も大きく背中を押されたに違いない。

FACE #18

苦しんだからこそ改めて感じたファンの力

チームに加入してからチャンピオンシップ(CS)を逃したことはなかった。手応え以上に苦しみが大きかった中で、苦しんだからこそ感じられたこともあった。6シーズン在籍した中で「選手とスタッフだけじゃなくこのチームがファンの皆さんとともに戦っているということを改めて強く感じたシーズンでした」と振り返る。

今シーズンのホーム戦には延べ約12万5千人が来場し、1試合平均で4165人を記録。来場者数はCSを逃してからも減ることはなかった。ブレアリでの最終戦となった第33節のレバンガ北海道戦にはミッドウィークのナイトゲームながら4120人が来場。日環アリーナ栃木で行われた千葉ジェッツとの最終節は2試合とも5400人以上が訪れ、県内実施のホームゲームにおける最多入場者数を連日更新した。アウェーゲームでも会場の半分が黄色に染まることも少なくなかった。

「中々勝てずにCSにも出ることができない状況になった時、『何やってんだ』と思うファンの人もいたと思います。それでもアウェーの試合まで駆け付けてくれて、応援してくれた多くのファンがいたことは本当に力になりました。それは優勝した昨シーズン以上に感じましたね」

「良い経験になった」といつか言えるように

「一番勝率の高いチームに一泡吹かせたい。みんなが来て良かったと思えるような試合をしたいなと思っています」。最終節を2日後に控えたチーム練習時にそう語っていたように、終盤戦を戦うチームに

SEIJI IKARUGA

【 いかるが せいじ 】

1994年1月8日生まれ、福岡県出身。185㎝、95㎏。
青山学院大学→2015年広島ドラゴンフライズ→
17年からブレックス。2021-22日本生命ファイナル賞。

とってファンの存在は大きなモチベーションの一つになっていた。その最終戦で千葉Jから劇的勝利を挙げチームは今シーズンを終えた。全員が一体感を持って戦い抜いた終盤戦の経験は間違いなく来季以降につながる糧になるはずだ。

それを実際につなげていけるかはチーム次第であり、そうした意味でも来シーズンは真価を問われるシーズンになる。「これまでずっとCSに出場できていたので苦しいシーズンを経験することもなかった。苦しんだ経験がいつかは『良い経験だった』と言えるようにしていかないといけないですね」。背番号18は真っすぐ正面を見詰めながら力強く語った。

MANI

竹内公輔

チーム初勝利で〝開幕〟

「2日間、こんなにも多くのファンの人に応援してもらっていたのに、結果で応えられず申し訳ないと思っています。残り10試合でとにかく良い結果をお見せできるようにやっていくしかないです」。第30節の茨城ロボッツ戦の第2戦後の会見で竹内はそう絞り出した。Bリーグ移行後初めてチャンピオンシップ（CS）出場を逃すことが決まった翌日、失意のチームはこの日も茨城に敗れた。2日間で訪れた述べ1万人を超えるファンに勝利を届けられなかったことが何より腹立たしく、許せなかった。

昨シーズンのファイナルの再現となる琉球ゴールデンキングス戦で幕を開けた今シーズン。沖縄での連戦で連敗を喫すると、続く第2節の大阪エヴェッサとの初戦も68－67とリードしていた第4クォーター（Q）残り4秒で逆転の3点シュートを浴びて3連敗。琉球との2連戦で2得点のみに終わっていた竹内にその試合で出番は来ず、最後までベンチで戦況を見つめていた。ブレックスが開幕から3連敗を喫するのもBリーグ移行後初のことだった。

続く第2戦、初勝利に向けチームは気持ちを前面に出して戦った。その試合で竹内は7得点3リバウンドをマーク。オーバータイムにもつれ込む激戦での勝利に大きく貢献した。「初戦は出番がありませんでしたけど、第2戦はそれなりにシュートを決めることもできました。自分にとって一つポイントになった試合だと思っているし、チームにとっても『ここからだ』と思えるような試合だったと思います」。今シーズンのチーム初勝利は自身の〝開幕〟も告げる大きな1勝だった。

耐えて耐えての前半戦

開幕から3週連続アウェーでの試合を3勝3敗でホームに戻ってきたブレックスだったが、アルバルク東京とのホーム開幕節はいずれも1ゴール差で連敗。第2戦後の記者会見で、今季加入したジュリアン・マブンガのチームへのフィット感を問われた竹内は「結果だけ見ればまだ完成していないです」と答えた上で、「新しく来た選手ですから、彼がプレーしやすいように自分がもっともっと気を利かせていかないといけないです」と長年チームに在籍するベテランとしての責任も口にしていた。

だがその後、チームはマブンガとの契約を解除。新たにグラント・ジェレットが加入するまでの約1カ月間、チームは外国籍選手を一人欠いた状態で試合を続けることになった。

「耐えて、耐えての前半戦でした。チームがまとまってくれればもっと上にいけると思っていましたが、その中でけが人が出てしまい波に乗れなかった。それは言い訳にはなりませんけどね」

勇者たちの素顔 #

FACE 10

小玉義敬・文　山田壮司・写真

最大限のパフォーマンスとけがとのはざま

苦難の前半戦を戦う中で、当然日本人ビッグマンに懸かる期待は大きかった。だが、今年38歳を迎えた肉体を第一に考えた時に、1シーズンを戦い抜くために疲労をため過ぎないこと、けがをしないことは自身の中で最優先となっていた。

「個人的にも難しいシーズンでした。もっとこうできたのに、もっとこうしていたら良かったのにという反省が例年より多いです。具体的にはもっと走り込みをしておくべきだったのかなと感じています。トランジション能力が自分の強みだと思っていましたけど、年を取るにつれてスプリント力や脚力は落ちてきている。それをここから伸ばすことは難しいですけど、落とさずにキープすることはできたんじゃないかと思いますし、今季そこがおろそかになっていたように感じます」

外国籍選手が一人不在となったチーム状況で自身がけがをする訳にはいかず、体調を最優先に考えた結果自身のパフォーマンスを最大限に保つ作業がおろそかになっていたという。今シーズンのスタッツは1試合平均2・9得点、フィールドゴール成功率45・8％に留まり、いずれも加入後で最も低い数字だった。「毎シーズンフィールドゴール成功率は50％近くありましたがそこまで上げられなかったことが今季一番悔しいです。トランジション能力があれば必然的

にイージーシュートも増えてくるので数字も上がってきたはずです」

けがをしないためのケアもしつつパフォーマンスも保たなければならない。そのはざまで揺れた今季は「自分の体に耳を傾けつつ、いかに試合に対してアプローチするか」を学べたシーズンだったという。

EASLは「チームとしても良い経験」

オフェンス面での成績が伸び悩んだ一方、後半戦にかけてディフェンスやリバウンドで存在感を放ち、スタッツに残らない献身性でチームを支える姿勢は健在だった。今シーズンは全試合でベンチからの出場だったが、「1試合に最低1つは攻守でインパクトを与える仕事をしたい」と目標を掲げハッスルした。２００７年にキャリアをスタートさせ16年。その間、日本代表として世界とも戦ってきた竹内が「チームとしても良い経験になりました」と語ったのが3月に宇都宮市などで開催された東アジアスーパーリーグだ。

フィリピンや韓国などから強豪8チームが集結し東アジア王者を争った同大会。

KOSUKE TAKEUCHI

ブレックスはグループステージ1勝1敗で大会を終えたが、竹内は「あまり日本にいないようなバネをもった選手もいました。そのような選手と対戦できるのは国際大会ならではですし、良いゲームができたことも良かったです」と前向きな言葉を並べた。

個人的にも過去に代表戦で対戦した経験のある元フィリピン代表のジェイソン・カストロやケリー・ウィリアムズらとの久しぶりの再会を喜び、言葉を交わしたという。「当初の予定どおりにホーム&アウェーで戦えたらもっともっと盛り上がる大会になると思います。チームとして戻ってこられるようにステップアップしたいです」と2度目の出場にも意欲を示した。

「意地を見せられた」終盤戦

後半戦に入っても思うように連勝を伸ばせず、11試合を残してCS出場が絶たれた今シーズン。チームと同様、竹内としても過去にCSに出場できなかったシーズンはほとんどなかった。「あっけなく終わってしまった1年間だったとも思います」。大きな喪失感も味わった一方、CSを逃してからの戦いにはそれ以上に大きな手応えも得ていた。「CSに出場できないと決まってからは、勝率1位の千葉ジェッツと戦える最終節で勝つことを目標にやってきました。今シーズンのベストゲームを最終戦ですることができ、意地を見せられたのかなと思います」

【 たけうち こうすけ 】

1985年1月29日生まれ、大阪府出身。206cm、100kg。
慶應義塾大学→2007年アイシンシーホース(現シーホース三河)→
11年トヨタ自動車アルバルク(現アルバルク東京)→
14年広島ドラゴンフライズ→16年よりブレックス。
2007-08 ベスト5、新人王、ブロックショット1位、
オールジャパンベスト5、08-09プレーオフMVP、
レギュラーシーズンMVP、ベスト5、ブロックショット1位、
オールジャパンベスト5、09-10ベスト5、ブロックショット1位、
オールジャパン ベスト5、10-11ベスト5、ブロックショット1位、
オールジャパン ベスト5、12年オールジャパンベスト5、
15年オールジャパンベスト5。

FACE #10

その千葉Jとの最終戦では80-80で迎えた試合終了間際に比江島慎がブザービーターのジャンプシュートを成功。「決めた比江島もすごいですけど、あのシチュエーションにもっていくまでに戦った全選手の力があったからこそです」と振り返る。失意の中でチーム全員が気持ちを切らさずに最後まで戦えた理由にファンの存在を強調した。

「ファンの方が最後まで応援してくれたのも大きかったです。最終戦もファンも含めて全員でつかみ取った勝利ですし、アウェーだったら勝てなかったと思います。今シーズンはいろんな目標を立ててことごとく達成できませんでしたが、最後に掲げた目標は達成することができた。少しでもファンの方に恩返しできていればと思います」

改めてファンに支えられていることを感じたという今シーズン。声出し応援が解禁されてからのアリーナの雰囲気にこそ、ブレックスの真の強みがあると竹内は言う。「ずっと声を出し続けてくれる姿を見て『やっと戻ってきたんだ』と感じることができました。今シーズンはまだマスクを着用しての応援でしたが、それもなくなった時に、自分たちはもっと強くなると思いますし相手チームからしたらさらに嫌な空間になると思います」。ファンと共に自分たちはもっと上にいける。そうかみ締めたシーズンでもあった。

喜多川修平

これからのバスケット人生で、ファンの皆さんに恩返しを…

相手の流れを切るような効果的なディフェンスをしたかと思えば、重要な局面できっちりと3Pシュートを沈める。チームに求められることを徹底して実行するプレースタイルから、いつの間にか「職人」と称されるようになった。

そんな喜多川も、今シーズンの序盤はなかなかプレータイムが獲得できず、苦しい時期を過ごした。実際、「心が折れたこともあった」と、言葉を選ぶようにゆっくりと語り始めた。

「自分が試合に出ていなくても、チームが良い形で勝てていれば、そこまで難しさを感じることはなかったと思います。でも、自分はベンチにさえ入れない時期があり、チームとしてもなかなか勝てない時期があったので、メンタル的にはダブルできつかったです」

試合に出られないことで真っ先に影響が出るのは、体力が落ちてしまうことだ。そこで、酒井ストレングスコーチに協力してもらい走るトレーニングを続け、試合後にもコートに残って練習を繰り返した。

「それは僕だけじゃなくて、結構みんながやっていることです。若い選手は試合が終わった後に練習をしたり、試合に出ている選手でも、自分のプレーに納得がいかなかったときは練習していました。そういうところはブレックスの良い文化ですよね」

こうして体力維持に努めると同時にいつまでも落ち込んでいても仕方がないと、早々に気持ちを切り替えることに努めた。

「やることをやっていないと、いざ試合に出たときにプレーできないので、いつ試合に出てもいいように気持ちをつくらなければいけないし、勝つためにしっかり準備をしなければいけないと思いました」

自分にとって望ましい状況でなくても、チームのためにフィジカルもメンタルも整える努力を惜しまない。穏やかな笑顔の裏には、こうした芯の強さとプレーヤーとしての情熱や誇りが宿っている。だからこそコートに立った瞬間に、100%のパフォーマンスが出せるのであり、それは決して〝ベテランだから〟ではなく、〝喜多川だから〟できることなのだ。

シーズンが進むにつれて、喜多川のプレータイムはどんどん増えていった。

喜多川のスティールが流れを変えた

印象深いのは4月1日のホーム、サンロッカーズ渋谷戦。

前半は出場機会がなかった喜多川だが、後半にヘッドコーチから名前を呼ばれた。コートに入ると、すぐさまスティールで相手のボールを奪い、自チームの得点につながる活躍を見せる。試合はちょうど同点を迎えたタイミングだったこともあり、喜多川のスティールで勢いに乗ったブレックスは、その後、得点を重ねてリードを築いた状態でこのクォーターを終えることができた。

SHUHEI KITAGAWA

藤井洋子・文　山田壮司・写真

このプレーには、喜多川自身も手応えを感じていた。

「ディフェンスからしっかり入ることができて、流れを持ってくることができた感触がありました。どのタイミングで試合に出られるか分からなかったですし、そもそも試合に出られないかもしれない、そう思っていました。でも、そういう状況の中でもしっかり気持ちを保って、自分が試合に出たらどうプレーしなければいけないかを冷静に考えながら試合を観ていました。そうしたらそのタイミングが来て、そこでしっかりと動くことができました。こうした流れを踏まえても、僕の今シーズンを象徴するようなゲームだったのかなと思います」

この試合以降、〝ここ一番〟での活躍が目立つようになり、「職人」という言葉が定着していったように思えた。

「辛い時期に下を向かずに取り組んでやれたことで、少しずつ結果も出るようになっていきました。自分の中では、そこはしっかりやり続けられたという自信もあって、個人的にはそういう部分は評価できるかなと思っています。あとは、ファンの方々に勝った姿を見せたいという思いが強かったです。僕らはチャンピオンシップ（CS）に出られないことが決まっていたので、残りの試合は1試合でも多く勝利した姿を見せたいという思いでプレーしていました」

チームとして噛み合った時期が遅くなってしまった

喜多川のバスケット人生の中でも、CSに出場できなかったのは初めてのことであり、今シーズンは、「これまでの中で一番苦しんだシーズンだった」と言う。

昨シーズンは、シーズン終盤にチームが噛み合ったと感じ、CSで試合を重ねるたびにチームとして、より自信が付いていった。「だけど、今シーズンはガッチリハマったなと感じられたのが、少し遅くなってしまいました」と悔しさを滲ませる。

「今シーズンの途中から声出しが解禁になって、もちろん、声出しができなかった時もファンの方々からはパワーをもらっていましたが、今シーズンはそのパワーを勝ちに繋げることがなかなかできませんでした。いつもたくさん後押ししてもらっているので、これからのバスケット人生で、その恩返しができたらと思っています。ファンの皆さんには、〝いつも支えていただいてありがとうございました〟と、伝えたいですね。こう言っていつもの柔和な笑顔を見せた。

勇者たちの素顔
FACE #31

【 きたがわ しゅうへい 】

1985年10月1日生まれ、神奈川県出身。
185cm、85kg。
専修大学→2008年アイシンシーホース→
15年琉球ゴールデンキングス→
17年シーズンからブレックス。
2018年ベスト3P成功率賞。

勇者たちの素顔 FACE #3

藤井洋子・文　山田壮司・写真

笠井康平

バランスの良いオフェンスを高いレベルでできるように

――ブレックスのファーストシーズンを終えて、まずは今シーズンの感想をお願いします。

自分にとって3回目の移籍でしたが、これまでで一番頭を使いましたし、チームに慣れるまでに一番時間が掛かってしまいました。自分のパフォーマンスに関しても、いろいろと悩んだシーズンでした。チームに合わせようという思いが強く、自分の良さを出すのに時間が掛かってしまったという感覚があります。

――なかなかプレータイムを獲得できない状況から、中盤以降はプレータイムが増えていきました。どんなところが評価されたのだと思いますか。

最初の頃は、自分でもフィットしきれていないという感覚がありましたが、ブレックスのバスケットの考え方を理解し、自分のアドバンテージをしっかり見付けるという部分に、自分の考えが徐々に追い付いてきたのかなと感じています。コーチ陣とはそういう話をずっとしていましたし、こまめにコミュニケーションを取っていたこともあって少しずつハマってきたのかなと思っています。

――ご自身のプレーの評価についてはいかがですか。

難しいですね。終盤になってようやく自分らしさを少しずつ出せるようになってきたので、シーズントータルで考えると50点までいっていないと思います。いろいろと時間の掛かるシーズンでした。

――ご自身のプレーで良かった点と課題点を挙げるとしたら、どんなところですか。

ブレックスはディフェンスのシステムが難しいと、来る前から聞いていました。システムを理解するという点では、長くこのチームにいる選手にはかなわないので、常にアグレッシブにディフェンスすることを心掛けていました。ですので、その点はできていたと思います。ただ、ディフェンスをしっかりやらなきゃいけないという意識が強すぎたこともあり、〝オフェンスは周り頼み〟になってしまいました。なので、課題はオフェンスです。

――以前、「ディフェンスが強みです、と自信を持って言えるようになりたい」と話されていましたが、笠井選手のディフェンスで観客が沸く瞬間が何度もありましたね。

「ディフェンスが強みです」と言えるようになりたい理由の一つは、ディフェンスはチームに勢いを持ってくることができるプレーだからです。でも、それができるような相手ばかりではないので、ディフェンスは当たり前にできるようになり、その上で安定したオフェンスをして試合をつくり、時には自分でも攻めて…ということができるようになることが、必要なんだと思います。

なので、ポイントガードとして自分でも攻めるし他人も使うという、バランスの良いオフェンスが高いレベルでできるようになりたいです。

――自分で行くのか周りを使うのかという部分は、シーズンが進む中で理解が深まってきたという手応えはありましたか。また、変化があったとすれば何かきっかけがあったのでしょうか。

チームに合わせようという考えが強くあり、それでもなかなかうまくいっていないときに開き直ったというか…。自分で好き勝手にやって、それで試合に出られなくなったら、そのときはまた違う悩み方をすればいいやと思うようになりました。そこからは、自分にボールが回ってきたら思い切りシュートを打つし、好きなようにやることにしました。ですから変化があったとすれば、考え過ぎて上手くいっていなかった頃です。

〝周りに遠慮せず、自分でも行く〟というマインドを持ってプレーしたら、そういう時間帯がチームにとっても良い時間になるなど、自然と成果が見えてきました。なので、今後はそういう姿勢をベースにいきたいなと思っています。

――そうした変化が実感できたのは、年明けくらいからでしょうか。

3月末くらいからです。それまでブレックスは〝チームのために〟という姿勢が大切だと聞いていて、自分の性格的にもそれを全て受け止めちゃうところがありましたが、〝自分は自分だ〟と割り切るくらいの感覚でプレーできていれば、もっと早く自分の出し方に辿り着けただろうなと思います。

ブレックスは実績を持った選手が多いですし、僕自身、何十点も取るというスタイ

KOHEI KASAI

ルではないので、どうしても周りを使うことが多くなってしまうのですが、それでも自分で積極的に行くことも必要なんだと、他のチームではできない悩みを経験できたと感じています。

——今シーズンの試合の中で、個人的に印象に残っている試合はありますか。

一番印象に残っているのは、バイウイーク明けのシーホース三河戦（2022年11月19日、20日）です。それまでは、試合に出られない、ベンチにも入れないという状況が続いていたのですが、この試合はある程度プレータイムもあり、しかもチームは2連勝できました。自分がようやくチームのためにプレーできたという感覚になれた試合でした。

——シーズン終盤には声出し応援が解禁されました。ファンの皆さんの声援はどう感じましたか。

ファンの方々の熱量は、これまで経験してきたチームの中でも一番だと思います。そのファンの皆さんの前でプレーできたことは幸せなことですし、ありがたいなと感じています。プレーしているときも思っていましたが、いま振り返ってもそう実感しているので、「応援してくれる人のために…」という思いを大切にしながら、今後も頑張っていきたいと思います。本当にありがとうございました。

【 かさい　こうへい 】

1993年8月12日生まれ、香川県出身。
176cm、77kg。
青山学院大学→
四国電力（日本実業団バスケットボール連盟）→
名古屋ダイヤモンドドルフィンズ→
群馬クレインサンダーズ
2022-23シーズンよりブレックス。

勇者たちの素顔

FACE #11

藤井洋子・文　山田壮司・写真

HIROHIDE ARAYA

荒谷裕秀

ドライブという自分の強みを生かして

2020-21シーズンの途中に特別指定選手としてブレックスに加入。翌2021-22シーズンにはプロ契約を結び、正式にチームに加入した。このシーズンのチャンピオンシップクォーターファイナル第1戦では14得点を記録し、チームを勝利に導く大活躍をした。

自身として3年目となった2022-23シーズン。ブレックスは、ジュリアン・マブンガという新たな外国籍選手を獲得したが、けがにより途中離脱。それにより想定していたバスケットスタイルに変化がもたらされることとなった。そうしたチームの流れの中で、荒谷には本来のポジションだけでなく、ポイントガード（PG）も任されるようになった。

「当初、佐々さん（佐々宜央ヘッドコーチ）が考えていたチームプランでは、ジュリアンがボールを運びに行くことや、笠井康平さんがセカンドPGで出るという構想だったと思いますが、けがなどにより途中でそのプランが崩れてしまい、そこで僕が本来の役割ではないPGにチャレンジしました。その時期は、特段、成績が良かったわけではありませんが、ある程度、強度を落とさずにできたかなとは思っています」

オフェンス時の判断が難しかった

佐々ヘッドコーチ（HC）が求める速い展開のバスケットは、荒谷も得意とするものであり、そうしたプレーに一定の手応えを感じることができた反面、司令塔としてゲームをコントロールすることには難しさも感じたという。

「PGとして速い展開にもっていくことを求められていたので、ボールをつなぐことを意識していたのですが、2番（シューティングガード）や3番（スモールフォワード）で試合に出た時には、あまりボールをつなぐ意識ができなくなってしまうなど、オフェンス時の判断が悪くなってしまいました」と反省する。

本来、2番や3番のポジションは、オフェンスではリングに向かうことが重要になるが、1番で出たり2番で出たりということを繰り返す中で、その切り替えに戸惑ってしまい、あまり良い判断ができないことがあったという。

そうしたときに、声を掛けてくれたのが田臥勇太だった。「〝コンバートしてPGをやっているわけだし、コントロールはしなくてもいいから〟。こう言ってくれたので、あまり意識せずにできるようになり、少し気持ちが楽になりました」と話す。

荒谷の中で一つの手応えを感じられたのは、1月7日、8日の名古屋ダイヤモンドドルフィンズ戦だ。「それまで、ずっとうまくいっていなかったのですが、この試合は良いリズムで試合に入れました」

この試合、荒谷は前半から出場し、相手の3Pシュートを抑えるなど、ディフェンスでも活躍を見せた。試合後の記者会見では、同じくコートに立った高島紳司の2人の活躍について聞かれた佐々HCは、「若い2人の活躍があればこういう試合ができるんだと、良いイメージを持つことができた」と満足気な様子で語っていた。

しかし、その後はチームの戦績が安定しないこともあり、シーズン終盤にかけて、なかなかプレータイムを獲得することが難しくなっていった。

【 あらや　ひろひで 】

1998年12月5日生まれ、宮城県出身。
189cm、86kg。
東北高校 → 白鷗大学。2020年12月、
2020-21シーズン特別指定選手としてブレックスに加入。
20年オータムカップ2020 優秀選手賞。
第72回全日本大学バスケットボール選手権大会
3位 優秀選手賞。

シーズン最後まで戦い切ろう

チャンピオンシップ（CS）出場の希望が絶たれたのは4月8日、茨城ロボッツに敗戦した日だ。荒谷がブレックスに来てからは毎シーズンCSに出場していたこともあり、「正直、戸惑いがあった」と打ち明ける。

「残り10試合ぐらいあった段階でCSに行けないことが決まり、どこに向けて練習に取り組むべきかという部分で、気持ち的にすごく難しかったです。自分がこのチームに来てからはずっと決勝に行っていたので、あ、ここで終わっちゃうんだなと、実感が湧かないという感じでした」

そうした状況にあっても、ブレックスのファンは会場を黄色に染めてくれていた。

「CSに出られないと決まった後でも、あんなにたくさんのファンの人たちが応援してくれて、自分たちは本当に支えられているし、応援されているんだなと実感できました。ほかのアリーナでも声出し応援ができるようになり、いろんなアリーナの声出しを経験しましたが、それでもやっぱり、〝うちは特別だな〟という感じがしました。音響がなくてもものすごく声が出ていて、これはやっぱり、ブレアリという雰囲気だからこそなのかなと感じました」

今シーズンが一番、底だったらいいな

荒谷がブレックスに加入した最大の目的は、守備力を強化することだったが、ブレックスで過ごす中で、ディフェンスに対する考え方がかなり変化したという。その一方で、「自分はやっぱり速い展開のオフェンスが得意だな」、とあらためて実感したシーズンになった。

「個人的にも、チーム的にも、今シーズンが一番、底だったらいいなと思うようなシーズンでした。だからこそ来シーズンは、ずっと課題としている3Pシュートを強化すること、そしてドライブという自分の強みを生かしていきたいです」と展望を語った。

以前、取材をした際、「栃木が好き」という話をしていた荒谷。取材の最後に、栃木の魅力をあらためて聞いてみた。

「栃木は好きですよ。実家は仙台駅の近くなので、正直、最初はちょっと田舎だなと思ったんです（笑）。でも東京にも実家にもすぐ行けるし、良い街じゃないですか？自分にはちょうどいいんですよね」

こう笑顔で話した後に、将来の夢を聞かせてくれた。

「僕は、大学から栃木県にお世話になっていて、本当に住みやすいと感じていますし、ブレックスに来てからも多くのファンの方々に応援してもらいました。だから感謝の気持ちもあって、将来、選手を引退した後に、宇都宮か小山に自分のお店が出せたらと思っているんです。それが将来的な夢ですね」

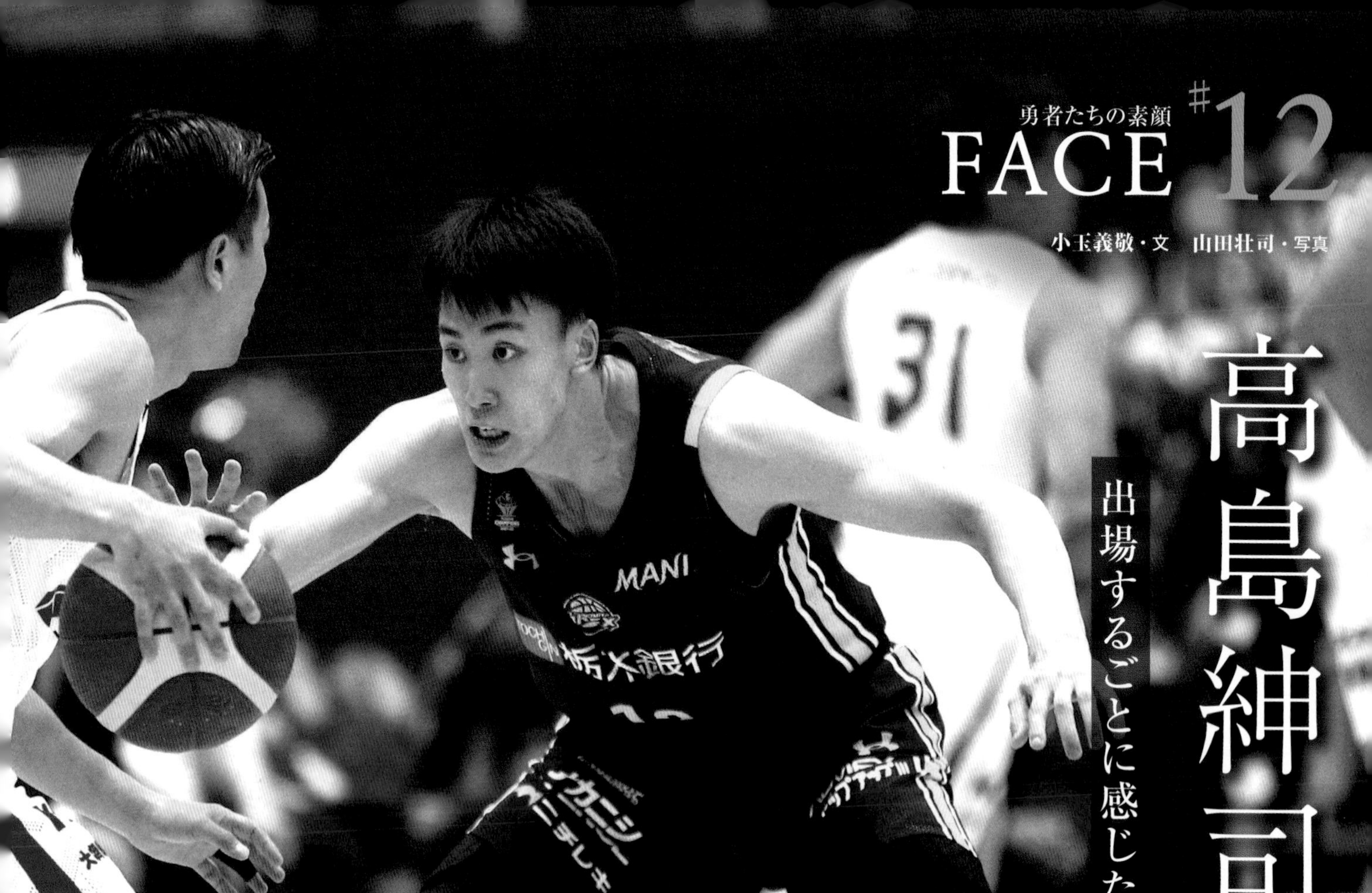

勇者たちの素顔

FACE #12

小玉義敬・文　山田壮司・写真

高島紳司

出場するごとに感じた責任

特別指定選手として昨年12月に大東大から加入し今シーズンは39試合に出場した。当初は限定的だった役割もシーズンが進むにつれて増加し終盤戦ではコンディション不良の遠藤祐亮に代わって4試合で先発出場。20分以上の出場時間を得てうち3試合で2桁得点をマークした。特別指定選手としてのプレーは2020‐21、2021‐22シーズンのB1大阪エヴェッサに続き3シーズン連続。持ち味の激しく粘り強いディフェンスは終盤戦を戦うチームにとって欠かせない要素となっていた。

そんな高島だが、「正直最初は試合に出られるとは思っていませんでした」と打ち明ける。経験豊富なメンバーがそろう中でこれほどまでに出場機会を得ることは予想外だったというが、それでも試合に出ればエナジーあふれるディフェンスとシュート力でコンスタントに活躍を続けていった。その中で感じるようになっていたのがブレックスという伝統あるチームでプレーする重みだったという。「生半可な気持ちでプレーしてはいけないと思いましたし、その責任は試合を重ね

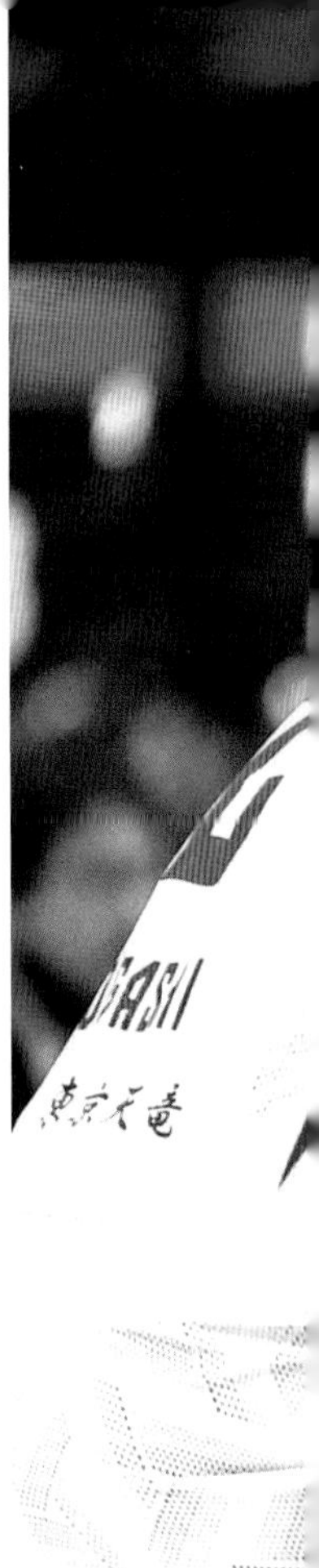

るごとに強く感じるようになりました」と強調する。プロ選手としての自覚もより強まったブレックス1シーズン目を「素晴らしい選手がたくさんいて、練習から学ぶこと、試合を見ながら学ぶことも多かった。その中で多くの試合に出られたことが良かったと思います」と振り返った。

「ディフェンスに調子の良い悪いはない」

加入後、まずインパクトを残したのがディフェンスだった。北陸高(福井)時代までは「全然できなかった」というディフェンスに目が向くようになったのは大学1年時。守りを重視するチーム方針の中で出場機会を失ったことが甘さを見つめ直すきっかけになったという。昨シーズンまで所属した大阪では、ディージェイ・ニュービルら強力な個の力を持つ選手と練習から何度も対峙したことでその武器にさらに磨きがかかった。「ディフェンスに調子の良い悪いはないです。自分が一番やらないといけないところだと思っています」。そう自信を持って言い切る姿が現在はある。

ブレックスのディフェンスシステムは複雑だ。対戦チームごと、選手ごとに守り方は変わる。新加入の選手はその約束事を正確に理解することから始まるが、それをシーズン中に試合を消化しながら行うのは決して容易なことではない。高島にとって一つのターニングポイントになったのは第15節の信州ブレイブウォリアーズ戦。チームが敷いた信州に対するディフェンスに対応できず、第3戦はベンチを外れることになった。

「そこからの1週間でどういう規律があるのかを改めて勉強しました。その中で気付きがあって、次節のホームの名古屋ダイヤモンドドルフィンズ戦ではシューターやウイングをうまく守ることができた。個人的にもチームに貢献できた試合かなと思います」

悔しさから一歩前進するきっかけをつかんだ高島はその後、相手の得点源の選手とのマッチアップを多く経験していくことになる。とりわけ千葉ジェッツの富樫勇樹は印象に残っているといい、「1対1の場面を見ていると、ディフェンスはなんで(簡単に)やられてしまうのかなと思っていたんですけど、いざ自分がマッチアップしたらその気持ちが分かりました」と苦笑いする。最終戦では密着マークから見事にターンオーバーを誘発したが、日本代表司令塔とのマッチアップは「しんどかったですね」と率直な感想もこぼした。

手応えと認識する課題

時に壁にぶつかることもあった。求められる役割が増えるにつれて「いろいろなことを考えなければならない難しさ」も感じてきた。特にオフェンスではあれこれと考えるあまり躊躇してしまう場面も少なくなかったという。そんな時に佐々宜央ヘッドコーチやチームメートから常に伝えられていたのは積極的にプレーすること。シーズン終盤までその姿勢は見失わずにプレーしてきたつもりだ。

シーズンも大詰めを迎えていた第35節のアウェー滋賀レイクス戦。この試合で高島はコンディション不良の遠藤の代わりとして加入後初めて先発で出場した。「初戦は遠藤さんの穴を埋めようとして力が入り過ぎていました」。チームは勝利したもののフィールドゴールは7本中1本で2得点。その反省を生かし、第2戦は「まずはディフェンスから入ろうと思っていました」。最も自信のあるディフェンスで流れをつかむと、オフェンスでも3点シュート2本を含む10得点をマーク。今シーズン最長の6連勝に大きく貢献した。

途中出場時はチームに何が不足しているかを考えそれを補う力が求められるが、先発時には自らがその流れをつくらなければならない。そうした違いを高いレベルで感じられたことも来シーズンに向けての大きな収穫になった。シーズンを通して多くのことを吸収し成長を遂げてきた高島だが、まだまだ課題は多いと自己評価する。「オフェンスではボールをもった時の状況判断をより向上させないといけないですし、今できていることも時間が経つにつれておろそかになってしまうこともあります。そこはキープし続けなければならないと思っています」。1シーズン目に得た手応えと感じた課題。その両方を成長の材料に変えて2シーズン目はさらなる高みを目指していく。

SHINJI TAKASHIMA

【 たかしま しんじ 】

2000年10月13日生まれ、大阪府出身。191cm、81kg。
北陸高校 → 大東文化大学。
年代別日本代表を経験。
2022-23シーズン特別指定選手として
ブレックスに加入。

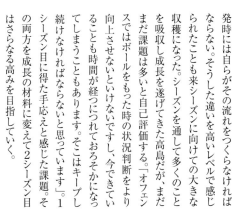

MANI
栃木銀行
40
UNDER ARMOUR

勇者たちの素顔

FACE #40

ジョシュ スコット

小玉義敬・文　山田壮司・写真

諦めずに戦い続けた前半戦

　210センチ、114キロの屈強な体格はゴール下でひときわ存在感を放つ。チームを支えた大黒柱は前半戦の30試合中22試合で2桁得点をマーク。そのうち15試合でリバウンドとのダブルダブルを達成した。「前半戦は苦しかったですが自分たちは常に諦めずに戦い続けていました」。チームの成績が上向かない中、攻守両面で身を粉にして仕事をし続けた。そんなスコットの活躍が勝利に結びついた試合が今シーズンも何試合もあった。

　勝利のために欠かせない要素と捉えているのがフィールドゴール成功率とリバウンドだ。「その2つを相手より上回れば90％以上の確率で勝利に近づく」と語るほど勝敗に与える影響は大きいと考えている。そのフィールドゴールで前半戦のチームは苦しんだ。スコットとアイザック・フォトゥのインサイド陣はブレックスの一つの強みでもあるが、そこに固執するあまりボールが回らずオフェンスのリズムが単調に。効率良くパスが回らず2点シュートの成功率は一時リーグ最下位に沈んだ。

　その中でも何とか勝ち星を挙げていけたのはリバウンドでの奮闘が大きかった。トータルの本数で45-33と圧倒した11月26日の第7節京都ハンナリーズ戦はまさにリバウンドで上回った試合。この試合では相手より10本多くオフェンスリバウンドを奪い2次攻撃を23-8と圧倒した。特にオフェンスリバウンドはシーズンを通しても1試合平均12・4本（リーグ6位）と今シーズンのブレックスの大きな強みだった。それをけん引していたのは紛れもなくスコットだった。

印象的だった最初と最後の勝利

　今シーズン特に印象的だった試合として挙げた試合が2試合ある。1試合目は初勝利を挙げた第2節大阪エヴェッサ戦の2戦目だ。この試合は竹内公輔も同じく印象的な試合に挙げていた。開幕から3連敗で迎えたこの試合はオーバータイムにもつれ込む大接戦。「早く1勝目を挙げることを誰もが望んでいました」。勝利への執念はパフォーマンスに乗り移った。この試合でスコットは10本中8本のフィールドゴールを成功させたほか、フリースローも14本得たうちの11本を成功。シーズンハイの27得点でインサイドを支配し勝利に大きく貢献した。

　2試合目は最終戦の千葉ジェッツ戦。「あの試合は、あれ以上のシナリオを書くことができないと思えるほど素晴らしい試合でした」。けがの影響でベンチを外れた最終戦だったが、チームメートを信じ最後までベンチから戦況を見つめていた。チームはこれまでにない苦しみを味わったシーズンだったが、スコットは「チャンス」と捉え前を向く。

　「序盤で中々勝ちを拾えず苦しいスタートになりましたが、その中で全員で戦い、成長し続けて、最後に苦しい状況をチームとして打開することができました。良いことも悪いことも経験から学ぶチャンスだと思います。しっかり糧にして来シーズン以降につなげていければと思っています」

「しっかりパフォーマンスができた」

　そんなスコットに今シーズンのベストパフォーマンスについて聞いた。スコットが挙げたのは第17節の仙台89ERS戦。19得点に加えキャリアハイに迫る22リバウンドを奪取した試合だ。

　この頃、チームは得点力の向上を図ろうと、荒谷裕秀をハンドラー役に据えて縦に速いオフェンスに取り組んでいた。素早い攻守の切り替えを実現するためにはまずは相手のシュートを落とさせなければならない。そのリバウンドを確実に奪ってから素早く切り替え一気にゴールへ。その形が見えたのがこの試合の第3クォーター（Q）、残り6分11秒のシーンだった。

　シュートのこぼれ球をゴール下の混戦からスコットがチップするとボールは荒谷の手に。その瞬間、スコットは一目散に相手ゴールに向け走り出した。荒谷がドリブルで一人をかわして敵陣にボールを持ち込み、3対2と数的有利をつくると最後はノールックパス。ボールを受けたスコットがそのままリングにたたき込んだ。

　その間わずか4秒。序盤戦ではあまり出せていなかった速攻での得点が生まれたことを佐々宜央ヘッドコーチも「元々、ジョシュ（スコット）はトランジションが得意な選手。ポジティブなイメージが出てきたのはよかった」と評価した。この試合チームの得点は62点だったが、翌週のレバンガ北海道戦では縦に速いオフェンスがより機能し85得点で快勝。スコットが「自分的にもしっかりパフォーマンスができたと思います」と振り返った一戦の勝利はチームにとっても大きなものになった。

満身創痍も「けがはつきもの」

　後半戦も大車輪の活躍が続き、開幕から43試合連続で先発に名を連ねていたスコットだったが、体は満身創痍の状態だった。第27節の三遠ネオフェニックス戦の第1戦を欠場すると、そこからは出場と欠場を繰り返しながらのプレーが続き、16試合中10試合をベンチの外から見つめることとなった。

外国籍選手が一人いない状況の中で、前半戦はどうしても出場時間が増えてしまっていた。グラント・ジェレットがチームに合流し、初出場した第11節の秋田ノーザンハピネッツ戦までの18試合のうち実に16試合で出場時間は30分を超えていた。疲労がたまれば当然故障のリスクも増えるが、スコットは「けがは試合につきもので、プレーをしている以上いつどのタイミングでも起き得るもの。（前半戦の）影響があったとは感じてはいません」ときっぱり。最終戦後の取材時には「今は良くなったよ」と順調な回復ぶりをアピールしてくれた。

加入後初のシーズンダブルダブル

第35節の滋賀レイクス戦では途中出場ながら20分に満たない出場時間の中で12得点11リバウンドをマーク。この試合が22試合目のダブルダブルだった。２０２０年に琉球ゴールデンキングスから加入し毎シーズン安定した成績を残してきたスコット。今シーズンの出場は最終的に49試合で加入後最少にとどまったが1試合平均11・7得点、10・0リバウンドとシーズンを通してのダブルダブルを記録した。「シーズンを通してのダブルダブルはブレックスに来てからは無かったと思います。チームのためにどんな役割でも精いっぱい担っていこうという意識でプレーしてきました。結果としてそれを達成できたことは良かったと思います」と3シーズン目のプレーを自己評価した。

日本は「第2の故郷」

２０１７年に来日し、日本での生活も今シーズンで7年目を迎えた。琉球時代には膝の大けがで手術も経験したがブレックスに来てからはリーグ優勝を経験。今シーズンは一流選手の証でもある「Bリーグオールスター」にファン投票で14万票以上を集め

JOSH SCOTT

て初出場（選出は中止となった前回に続き2度目）した。「日本は本当に大好きですし第二の故郷のように感じています」とその愛着を語る。

昨オフ、右手の手首付近に「日本」とタトゥーを刻み込んだのもその表れだった。「日本でたくさんの素晴らしい人に出会い、素晴らしい時間を過ごしました。その経験を忘れず、コート上で表現し続けられるように」と思いを込めたという。「本当に素晴らしいファンの皆さんで、声を出しての応援ができるようになって改めてそのサポートの大きさを感じましたし、少しでも恩返ししたいと思いながらプレーしていました」。異国の地でプレーする自身を温かく迎え入れてくれたファンへの感謝を抱きながら、背番号40はコート上でその思いを表現するように最後まで体を張り続けた。

FACE #40

【 ジョシュ スコット 】

1993年7月13日生まれ、
米国出身。210cm、114kg 。
コロラド大学→
2016年 KK MZT Skopje（北マケドニア共和国）→
17年島根スサノオマジック→
18年琉球ゴールデンキングス→
20年シーズンからブレックス。

勇者たちの素顔

FACE #42

小玉義敬・文　山田壮司・写真

アイザック フォトゥ

ファンの存在がポジティブにさせてくれたシーズン

ISAAC FOTU

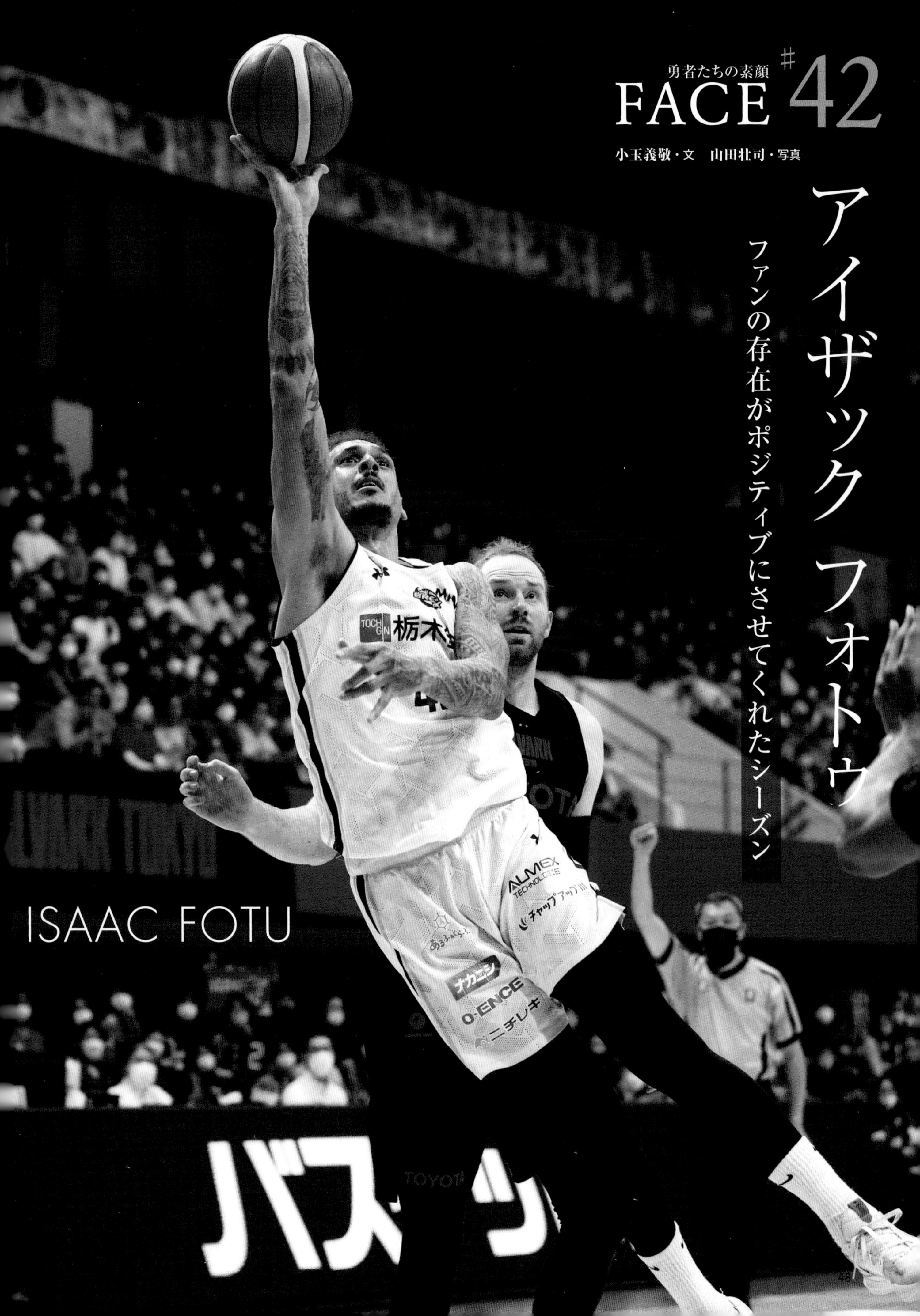

——今シーズンを振り返ってください。

昨シーズン優勝をしてチャンピオンとして迎えたシーズンでしたが、ファンの皆さんが期待していた結果で応えることができず悔しいシーズンになってしまいました。選手が途中で入れ替わったりけがもあったりしてアップダウンが激しいシーズンだったと思いますが、そんな中で常に応援してくれたファンの皆さんの存在が自分たちをポジティブにさせてくれていたと思います。

——チャンピオンチームとして他チームからのマークも例年以上に厳しかったと思います。難しさを感じた部分もあったのではないでしょうか。

チャンピオンチームを倒そうと相手がより激しくぶつかってくることは分かっていましたし、自分たちもそれを越えるだけの激しさを持たないといけないことは開幕前から話していました。逆に2020-21シーズンは自分たちがファイナルで千葉ジェッツに負けたことで、昨シーズンの対戦では自分たちがより気持ちを入れて激しくプレーしていたと思います。そういった相手の意識が今シーズンをよりタフにしたことは間違いないと思いますが、それをさらに乗り越えて勝ちを重ねていくチームこそがチャンピオンですし、もっと激しさを持って戦わなければいけなかったと感じています。

——今シーズンは昨シーズンを上回る58試合に出場しチーム2位の12・9得点を挙げインサイドを支えました。ご自身のプレーの自己評価を教えてください。

2シーズン目ということもあってチームメートの特徴をよりつかめてきたと思いますし、他の選手も自分の特長を生かしてくれてやりやすさを感じていました。個人的に良いパフォーマンスができたと感じる部分はあります。スタッツを気にするタイプではないので数字に対してどうこうというのはないですが、フィールドゴール成功率や得点を高く維持できたのは良いチームメートと一緒にプレーしているからこそ。今シーズンは3点シュートでも貢献できたのかなと思います。

——チームとしては苦しんだシーズンとなりましたが、その中でも印象的だった試合を教えてください。

終盤に3点シュートを3連続で決めた第34節のアウェー秋田ノーザンハピネッツ戦は今でも記憶に残っています。試合の前半で相手に大きくリードされた中でチームとしてまとまって逆転までもっていくことができましたし、個人的にはその局面まで全く得点できていなかったので少しでもチームの力になれればと思っていました。最大18点もの大差を付けられていたので逆に言えば失うものはなかったですし終盤に向け開き直って戦っていました。それだけ大きな点差をひっくり返すには何か思い切ったことをしなければいけなかったですし、フリーでボールを受けたときには何も考えずに打つだけでした。

——その3点シュートですが、今季の試投数は昨シーズンよりも増加しています。試合ではどのような意識を持って3点シュートを放っていたのでしょうか。

今シーズンは3点シュートでもチームの力になれればと思っていました。もちろん比江島(慎)選手や遠藤(祐亮)選手が打てる状況であれば彼らが打った方が確率が良いので、打つか打たないかの判断は状況に応じてです。ただ、「打つな」と言われることはなかったですしコーチ陣からは常に積極的にシュートを狙うよう言われていました。序盤戦ではミドルシュートが決まっていて徐々に距離を伸ばしていきましたが、アウトサイドのシュートはシーズンを通して自信を深めることができたと思います。

【 アイザック フォトゥ 】

1993年12月18日生まれ、ニュージーランド出身。203cm、104kg。
ハワイ大卒業後、スペインやドイツリーグで活躍し2020-21シーズンまでイタリアのチームでプレー。2021年7月にブレックスに加わると、昨シーズンはフックシュートを武器にインサイドで強さを見せチームの優勝に大きく貢献した。
ニュージーランド代表としても14、19年のワールドカップに出場した。

——ニュージーランド代表の活動と並行してのシーズンでした。8月にはワールドカップも控えていますが代表への思いはいかがですか。

国を代表してプレーできるのは大変光栄なことですし自分にとっては3度目のワールドカップになります。プライドを持って良いパフォーマンスができるように精いっぱい尽くしたいと思います。

——2年目に入った日本での生活はいかがですか。

自分の生活圏内の事もよく分かってきて問題なく生活できていますし、チームの遠征やプライベートな旅行で国内のさまざまな街を知ることができました。旅行で行った大阪は食べ物もおいしく楽しい時間を過ごしました。日本での生活も大好きになりました。

勇者たちの素顔

FACE #34

藤井洋子・文　山田壮司・写真

GRANT JERRETT

グラント・ジェレット

帰らなくてもいいのであれば、ずっと日本に

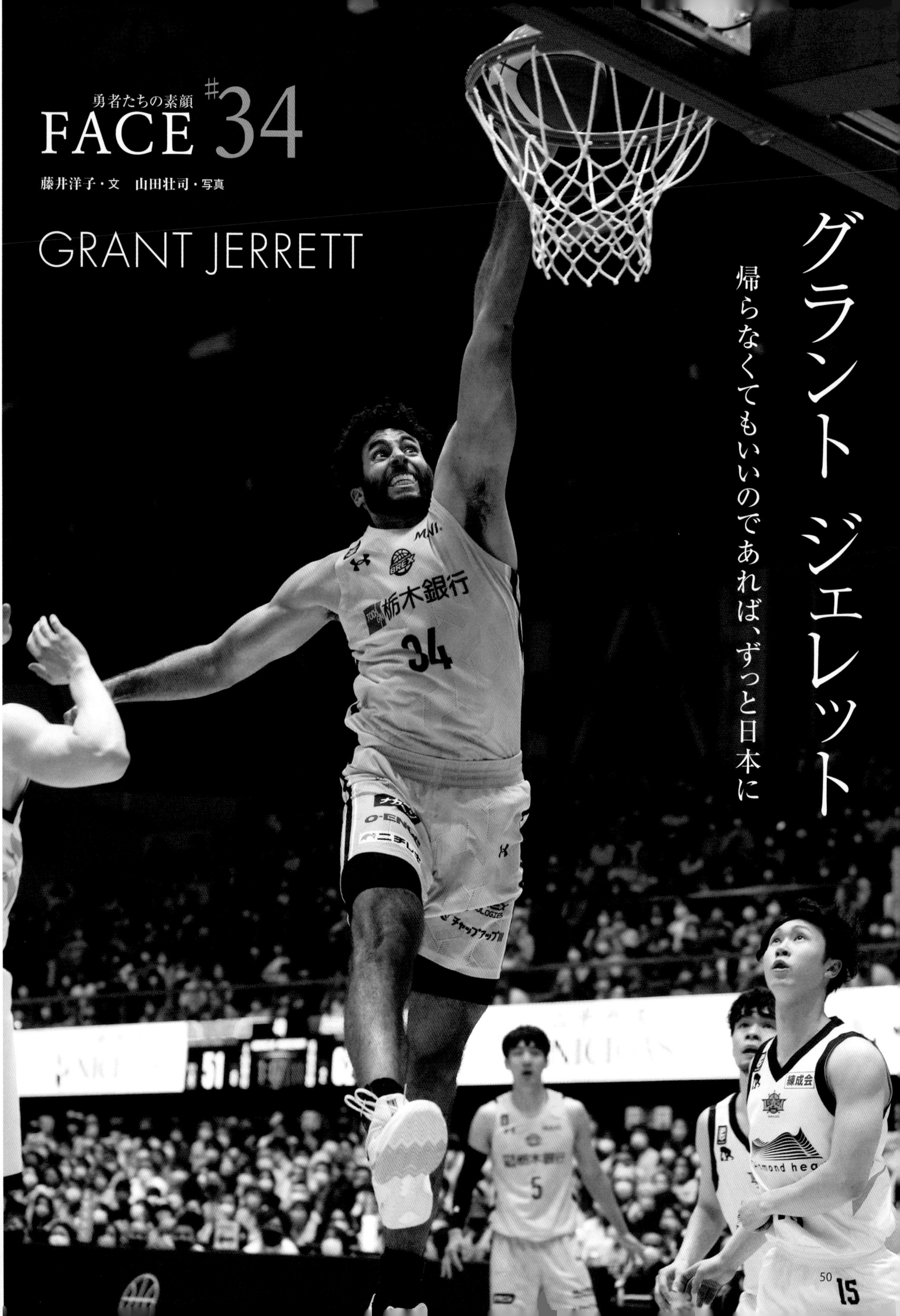

――今シーズンの感想をお願いします。

目標としていたチャンピオンシップ（CS）進出が達成できなかったので、悔しいシーズンではありましたが、チームとしてしっかりまとまって最後まで戦い抜けたので、全体的には良いシーズンだったと思います。

――シーズン途中からチームに加入したことでの難しさはありませんでしたか。また、早くチームに馴染むために取り組んだことがあれば教えてください。

何年も一緒にやってきた選手が多いチームに途中から参加することは、誰にとっても難しいことだと思います。チームに馴染むために取り組んだことは、たくさん練習して少しでも早くチームのルールに慣れるように、チームについて学んだことです。また、チームメートとは常にコミュニケーションを取り、オンコートでもオフコートでもたくさん話をして相手を知ることを心掛けました。

――ジェレット選手が加入されたとき、ブレックスは黒星が先行している厳しい状況だったと思いますが、シーズン後半になるにつれて白星も多くなっていきました。加入当初とどういう部分が変わって良くなってきたと感じますか。

お互いの理解度が深まったことが、加入当初との大きな違いです。僕自身、周りの選手がどういうプレーが得意で、どういう選手なのかが最初は分かりませんでしたし、みんなも僕がどんなプレーヤーなのか、得意なプレーは何かが分からなかったと思います。そうしたところは、時間が経つにつれてお互いに理解できるようになりました。

――今シーズンの自身のプレーについて、自己評価をお願いします。

まあまあだったと思います。CSに進出するのがこのチームの目標であり目的でしたので、それを達成できなかったという点においては、自分のパフォーマンスが足りていなかった部分があったのだと思います。だから、まあまあだったと思います。

――シーズンが進むにつれて、3Pシュートを確率良く決めていたのが印象的でした。

自分はインサイドもアウトサイドも両方できるのが強みだと思っているので、両方とも得点をしっかり狙っていきたいと思っていました。与えられた状況によってアウトサイドでいった方が良いシーンであればアウトサイドを狙っていくし、インサイドの方が良い状況であればそうするので、終盤はアウトサイドを求められるシチュエーションが多かったのだと思います。

――直近は海外でプレーされていましたが、以前に日本でプレーされていたときの日本のバスケットのレベルと、今シーズン戦ってみて日本のバスケットのレベルに違いを感じましたか。

日本のバスケットのレベルは、確実に上がっていると思います。前回僕がいたときは、外国籍選手は2人しかベンチに入れないというレギュレーションでしたが、今はそこが3人になり外国籍選手の質がより高くなっていると思いますし、シュートの上手い選手が多いです。より得点能力が上がっていて、試合の内容、レベルも確実に上がっていると感じました。

――世界のバスケットのトレンドについては、どのように見ていますか。

展開の速いバスケットボールという意味では、ドイツやオーストラリアなどは、日本と似たスタイルじゃないかと思います。ただ、NBAではディフェンス3秒ルールが存在するなど、NBAとFIBAとはルールの違いがあります。なので、戦術的に違う部分も多く、世界のバスケットとBリーグでは、やはり少し違いを感じますね。

――世界各国でプレーをされていますが、先ほど話されたようにスタイルやルールが違うところにアジャストしていく秘訣はありますか。

まず一つは、自分の経験です。いろんな国でいろんなスタイルのバスケットに触れることによって、それ自体がバスケットボールに順応することの助けになっています。もう一つは、違ったスタイルのバスケットにもオープンでいること。自分のスタイルを一つに決めてそれ以外をシャットアウトしてしまうのではなく、いろんなスタイルを受け入れられるようなオープンマインドでいることが、いろんな国の違うバスケットボールにアジャストするための秘訣です。

【 グラント ジェレット 】

1993年7月8日生まれ、アメリカ合衆国出身。208cm、105kg。
アリゾナ大出身で2013年にNBAドラフト2巡目で指名され、
オクラホマシティ・サンダーとユタ・ジャズに所属。
NBA Gリーグや中国でのプレーを経て2018年にはシーホース三河でプレー。
近年はロシアやトルコ、ドイツなどでプレーし、2022年12月からブレックス。

――ブレックスのバスケットはご自身のスタイルに合っていましたか。

コーチ陣がシンプルに分かりやすく話してくれたので、比較的アジャストしやすかったです。ですので、やりやすかったです。

――今シーズンの試合で、印象的なシーンがあったら教えてください。

対戦相手がどこだったか忘れてしまったのですが、僕がダンクを決めたときに、ベンチで渡邉（裕規）選手が誰かの背中に乗っかっていたり、抱っこされていて（笑）。そのリアクションが面白くて、そのことをすごく覚えています。

――日本の住み心地はいかがですか。

とても気に入っています。奥さんもすごく気に入っていて、帰らなくてもいいのであれば、アメリカに帰らずにずっと日本に留まっていたいくらいです。それくらい日本の生活を気に入っています。

――日本の食事はすぐに慣れましたか。気に入っているものがあれば教えてください。

たくさんありますよ。特にラーメンや餃子は好きですね。

――今シーズンは、ファンの声援がないところから始まり、声出し応援が解禁されるという変化がありました。ファンの声援を受けて感じたことはありましたか。

声を出した応援ができないということを知らなくて、最初は、日本の文化的なことで試合中は話さないのかと思っていました。でも、途中から大きな声で応援してくれて、プレーしていてとても楽しかったです。1シーズン、応援ありがとうございました。

勇者たちの素顔

FACE #5

小玉義敬・文　山田壮司・写真

ヤン ジェミン

ディフェンス面で得た学び

【 ヤン　ジェミン 】
1999年6月22日生まれ、韓国出身。201cm、93kg。
ネオショ・カウンティ・コミュニティ・カレッジ→
信州ブレイブウォリアーズ→
2022-23シーズンよりブレックス。

2シーズンを過ごした信州を離れ今シーズンブレックスに加わった。開幕前、初の対外試合となったプレシーズンゲーム・仙台89ERS戦ではいきなりチーム2位の15得点。それ以上にリバウンドやディフェンスでハッスルできる点を佐々宜央ヘッドコーチ（HC）は高く評価し、第2節の大阪エヴェッサ戦では相手エース、ディージェイ・ニュービルへのマッチアップを任された。

ニュービルとのマッチアップは初めてではない。信州時代に同地区だった大阪とは幾度も対戦経験があり「その時にどう守っていたかを思い出し、できる限りの準備をして試合に臨みました」。初戦は13得点に押さえ込むことに成功。第2戦はオーバータイムでの決着ということもあって27点を奪われたが、逆に攻撃で15得点をマークしてチームの今シーズン初勝利に貢献した。いずれも20分以上出場し貢献したこの2試合は、ヤンにとっての今シーズン最も印象深い試合として強く心に残っている。

移籍後、コート内での一番学びはディフェンスにあった。特にポジショニングやチームとしての守り方は、同じくディフェンスを重要視する信州とも違いがあり、「HCによって違いがあることがすごく分かったし、異なるスタイルを学べたことは自分にとってもプラスだった」と振り返る。

序盤戦は15分近くの出場時間を得ていたヤンだが、ジュリアン・マブンガの退団で選手起用についても再考を余儀なくされ出場機会は徐々に減少していくことに。最終的には37試合の出場に留まり、1月には8試合連続のベンチ外も経験した。

ベテランに教わった気の持ち方と準備の大切さ

もちろん選手として出場機会を得たい

思いはあったし悔しさは相当なものがあった。苦しみを味わったのも事実だがそれでも「選手起用や出場時間を決めるのはHC」と割り切り、自分自身のスキルを磨くことに注力したという。「試合中に呼ばれたときにすぐに良いパフォーマンスができるよう、準備に集中するようにしていました」と語るヤンだが、そうしたマインドセットを手に入れるきっかけはブレックスの2人の選手から得ていたという。

その一人目はベテラン渡邉裕規。シーズン序盤は1試合ごとの出来で感情に波があり、良いパフォーマンスができればテンションも高くモチベーションも上がるが、うまくいかないときには気持ちが落ちてしまうことがあったという。そんな時に渡邉から教えられたのは切り替えの大事さ。「『良かった時も悪かった時も常に次の試合に切り替えてフォーカスしていかないといけない』と言われ、気持ちのアップダウンをつくらないことの重要さを学びました。それがすごく大きかった」と話す。

もう一人は田臥勇太だ。印象深かったのは1月18日のアウェーでのレバンガ北海道戦。4試合ぶりにベンチ入りした田臥だったが出場機会は中々訪れず、声が掛かったのは15点リードの第4クォーター（Q）残り1分17秒だった。「それでも田臥さんは声が掛かるまで試合を通してずっと体を温め続けていて、いつでも試合に出られる準備をしていました」。声が掛かった時にはすでに準備ができており、普段と変わらないパフォーマンスをする。レジェンドの背中に準備の大切さを学び「自分も真似しなければいけない」と考えさせられたという。

JAE-MIN YANG

母国を代表する選手へ

こうしてコート内外でたくさんのことを学んだ今シーズンは「全体として向上できた部分があり、個人的に満足のいくシーズンになったと思っています」と振り返る。24歳は先輩たちから可愛がられ1年目ながらすぐにチームに溶け込んだ。シーズン中も何度も食事に行くなどしていたという渡邉との距離の近さを特に感じたが「ナベさんだけでなく公輔さん（竹内公輔）やマコ（比江島慎）さん、ヒデ（荒谷裕秀）と食事にいくこともありますし、このチームの選手は本当にみんな優しくてみんなと仲良くさせてもらっています」と強調。「自分は日本人ではないですが外国人としてではなく日本人の仲間のような雰囲気で接してもらえていることが本当にありがたいです」と感謝した。

開幕前には「毎日新しいことを学び、少しずつでも向上していきたい」と意欲を見せていたヤン。今シーズンは〝ブレアリ〟でのリーグ戦に韓国メディアが取材に来たこともあったが、そうした母国からの期待もヤンにとっては発奮材料になっていたようで、「自分が良いパフォーマンスをして注目されれば韓国の子どもやKBL（韓国リーグ）の若手がより海外に視線を向けることができる。韓国メディアから見られている時はより良いパフォーマンスしないといけないと感じていました」と明かす。入団会見では、ブレックスでの新たな挑戦を経て「将来的には国を代表し活躍できるようなレベルの選手になること」を目標に掲げていた。目指す高みはまだまだ先。理想に近づくための歩みを来季も一歩ずつ確実に進めていく。

勇者たちの素顔

FACE

ヘッドコーチ

佐々宜央

最後まで成長し続けるメンタリティを持ち続けられた

INTERVIEW

優勝したチームを引き継ぎ、今シーズンから指揮官に就任。チャンピオンシップに進出をすることができないシーズンとなったが、終盤には６連勝を挙げるなど来シーズンに期待の持てる内容でシーズンを締めくくった。佐々宜央ヘッドコーチ（HC）に、指揮官１年目の2022-23シーズンを振り返ってもらった。

藤井洋子・文　山田壮司・写真

――２０２２-23シーズンの総括をお願いします。

優勝した翌シーズンにヘッドコーチ（ＨＣ）をやらさせていただき、責任を果たしたいという前向きな気持ちで挑みました。前シーズンの良い雰囲気を継続していくことを意識したシーズンでしたが、出だしのところで外国籍選手のコンディション不良があったことが、まず一つ、大きく影響したかなと思っています。

これは僕の言い訳になってしまいますが、トータルで約30試合は外国籍選手が一人欠けた状態で戦わなければなりませんでした。そうした中で高島紳司やグラント・ジェレットが途中加入し、チームづくりという点でやり直さなければいけない状況になり、ケミストリーをつくり上げるのに時間が掛かってしまいました。

今シーズンはチャンピオンシップ（CS）に行くことができず残念ではありますが、シーズン終盤には選手たちがプライドを見せてくれ、最後の最後に〝ブレックスがブレックスとしてあるべき姿〟をファンの皆さんに見せることができ、そこは本当に良かったと思っています。最高の終わり方ではないけれど「踏みとどまったな」というのが正直な気持ちです。

――シーズン序盤の昨年11月に新加入のジュリアン・マブンガ選手が退団となり、12月には新しい選手が加わりました。そうした選手の入れ替わりも、戦績には大きく影響したのでしょうね。

ジュリアンがチームから離れるという判断になった後、バイウィーク（休養週）を使って練習しました。そのおかげでバイウィーク明けのシーホース三河戦（11月19日、20日）でチームとしての感覚を取り戻しました。ところが、グラントが来日した日…、確か富山グラウジーズ戦（12月10日、11日）で、比江島慎が肉離れを起こしてしまい、またそこで全員が集まらない状況になってしまいました。その結果、最初の9試合は3勝6敗。次の9試合は7勝2敗と持ち直しましたが、その後の9試合は2勝7敗とかなり厳しい状況となりました。

グラントが加入したものの慎がプレーできない。その上、水曜ゲームがあって満足に練習もできないという中で、秋田ノーザンハピネッツに負け、川崎ブレイブサンダースに負け、茨城ロボッツにも1勝1敗。信州ブレイブウォリアーズ戦（12月31日、1月1日）で慎が復帰したものの、プレータイムは制限ありという状況で、今度はアイザック・フォトゥが欠場となりました。結局、選手全員がそろったのが1月7日、8日の名古屋ダイヤモンドドルフィンズ戦です。ですから、僕としてはこの試合からシーズンがスタートしたような感覚でした。

――その後、チームが良くなってきたなと感じられたのはいつ頃からですか。

4月15日、16日の群馬クレインサンダーズ戦です。群馬にとっては、新アリーナのこけら落としということもあって気持ちも入っていましたし、うちはグラントが前半でファウルトラブルに陥り、また、後半にはその前の試合で腰を痛めていた鵤誠司が試合に出られずという状況で15日の試合は負けてしまったのですが、16日には鵤も戻り、捻挫で足が腫れていたアイザックもコートに立ってくれました。

NORIO SASSA

【 さっさ　のりお 】

1984年5月13日生まれ、東京都出身。
2009-12日立サンロッカーズAC→13-16ブレックスAC→
17-19琉球ゴールデンキングスHC→20年からブレックス。

そうしたギリギリの状況下での試合でしたが、82-57と圧勝することができました。この勝利は、とても大きかったです。その後は、レバンガ北海道、秋田、滋賀レイクスと試合が続き、体力的にも相当辛い中でしたが、6連勝を挙げることができました。そうした中で、最終節の千葉ジェッツ戦（5月6日、7日）を迎えたわけです。

――千葉Jとの2試合は、選手の皆さんも楽しそうにプレーしているように見えました。

失うものが無かったということもありますが、僕はグラントの化学反応が大きかったのかなと考えています。「こういうバスケットをやっていくんだ」という気持ちが、彼の得点力だけでなく、アシスト数にも表れていました。シーズン終盤には、ビッグマンでありながら、アシストを5個も6個もしていましたよね。

うちのバスケットはパスがうまい人間が増えれば増えるほど化学反応が起きるので、プレーしている選手側からしてもやりやすいし、楽しかったんだと思います。選手たちは、シーズン序盤は迷いながらバスケットをしていましたが、最後は迷わず、楽しみながらプレーできたのではないでしょうか。

――佐々HCにとって、2022-23シーズンはどんなシーズンになりましたか。

CSに行けなかったという悔しさと、結果に対しての無念な思いはとても強いです。ただ、最後にああいった試合をして終われたのは良かったです。僕は「神様」という言い方は嫌いですが、最後の試合はファンの方々を含め、いろいろな人の力が働いたように思いますし、バスケ界はまだブレックスを見放してないなと、そんなことを感じられた試合になりました。僕としては、最後にちょっとしたご褒美をもらえたというような感覚にもなりました。

最後まであきらめないで良かったなと思っていますし、それをもっと結果として良いものにしていかなければいけないと感じています。ですので、今シーズンを振り返った感想をひとことで言うなら、「最後まで成長し続けるメンタリティを持ち続けられて良かった」ということです。

勇者たちの素顔

FACE アシスタントコーチ

町田洋介

HCをサポートしきれなかったことが心残り

藤井洋子・文　山田壮司・写真

「ヘッドコーチ（HC）をサポートしきれなかったこと。それが僕の一番の反省です」

選手の入れ替わりがある中で、チームづくりに頭を悩ませる佐々宜央HCを十分に支えることができなかった。そうした心残りを、2022-23シーズンの感想として真っ先に口にした町田洋介アシスタントコーチ（AC）。

「選手同士のケミストリーを含め、最高のものにしていくのが僕らACの役割だと思いますが、その部分をなかなか手助けしきれなかったことが、今シーズンの結果を生んでいると思います。ネガティブな意味合いだけではないですが、自分としては反省する部分が多いです」と心境を述べた。

試合ではベンチに入れる人数に限りがあるため、選手のうちの誰かが必ず「ベンチ外」となるのだが、そうした選手たちへのサポートもACの仕事の一つである。今シーズンは、ベテランの田臥勇太がベンチ外になることが多かったが、田臥は誰よりも周りを気遣い、ACである町田にも、常に気遣うような言葉を掛けてくれたという。「内心はめちゃくちゃ悔しいでしょうし、試合に出たいはずなのに、『自分のプレータイムのことは気にしなくていいよ』と言ってくれました」。自分のことよりもチームのことを心配する、こうした田臥の姿勢に、「とても助けられた」と話す。

選手たちの個人練習の際には、AC陣が付きっ切りでサポートしてきたが、こうしたワークアウトの成果は、至るところで垣間見ることができた。

例えば、グラント・ジェレット。彼は、当初相手にリバウンドを取られて負けてしまう局面があり、そこが課題でもあった。キャリアがある外国籍選手の中には、なかなかコーチ陣の話を聞いてくれない選手もいるが、日々のトレーニングにリバウンドの強化を取り入れていくと、ジェレットは「OK分かった、やってみるよ」と言い、本人も意識して取り組んでくれるようになった。その結果、シーズン終盤には相手のインサイド陣に負けない活躍を披露する場面が増えていった。

どんなことにも真面目に取り組むジェレットの人間性と、それをサポートする酒井トレーナーを始めとするスタッフたちの取り組みがプラスに働き、パフォーマンスは徐々に向上。シュートも確率良く決まるなど、さまざまなところにジェレットの良さが表れ出したのだ。町田ACは、「時間はかかったかもしれないけど、最後はチームにフィットしてきたので、見ていて本当にうれしかったです」と満足そうに語ってくれた。

コーチ陣が選手一人一人にしっかりと向き合い、寄り添い、サポートする。シーズン最終戦、チームが一つになり勝利をつかむことができたのは、こうしたAC陣の支えがあってこそだと、あらためて実感した。

YOSUKE MACHIDA

【 まちだ ようすけ 】

1983年4月4日生まれ、神奈川県出身。
現役時代（2009-11）はブレックスでプレー。
現役引退後の2013-15筑波大学男子バスケットボール部AC→
15-19札幌大学男子バスケットボール部HC→
19年からブレックス。

勇者たちの素顔

FACE アシスタントコーチ

藤井洋子・文　山田壮司・写真

モー アベディニ

ブレックスは、アジアの中でもトップレベルの組織

イラン代表のアシスタントコーチをはじめ、イランやイラクなどのトップリーグチームでヘッドコーチを務めるなど、17年という長いコーチ経験を持つモー・アベディニ氏。今シーズンからブレックスのアシスタントコーチ（AC）に就任し、主にガード陣のワークアウトを担当するなど、選手の成長をサポートした。

今シーズンのブレックスは、基本的には昨シーズンのスタイルを継続してシーズンに入ったが、即戦力として期待されたジュリアン・マブンガの退団、その後のグラント・ジェレットの途中加入など選手の入れ替りがある中で、シーズン中に新しい選手を加えたスタイルに変えていかなければならない状況となった。

「そういう点で、違ったバスケットを習得していくところに、少し時間が掛かった部分があったのだと思う」と、序盤で戦績が振るわなかった要因を説明した。アベディニACは、「結果だけ見れば自分たちのゴールを達成することができず、厳しいシーズンになりましたが、そうした状況の中でも自分たちは最後まで戦い続けました。でき得る限りのベストを尽くしてきたと思いますし、最大の努力をして戦い切ったシーズンでした」と総括した。

また、ブレックスというチームについては、「アジアの中でもトップレベルの組織」と自信を持って言い切る。「これまでいろんな組織で働いてきましたが、ブレックスはこれ以上ないと思えるぐらい素晴らしい組織でした。それにファンの皆さんも、本当に素晴らしかった。このチームのために応援したいという気持ちの強さは、ほかの国やチームでは感じられないもので、そうした素晴らしいファンの方々がいるチームなんだと感じることができました」と感想を述べた。

今後、ブレックスがよりステップアップしていくにはどうするべきかと質問すると、こんな力強い言葉を返してくれた。

「シーズン中にだんだんチームが良くなってきたことは見ても分かる通り、チーム自体は正しい方向に向かって進んでいると思います。ですから、チームとしてステップアップするために必要なのは、たった一つ。〝時間を掛けること〟です」

ABEDINI MO

【モー アベディニ】

1980年9月13日生まれ、イラン出身。
イラン代表のアシスタントコーチをはじめ、イランやイラクでのトップリーグチームでのヘッドコーチを経験。
2022－23シーズンよりブレックス。

2度のOTを制した熱狂のダービー

2022.11.30　○91-89

vs. 群馬クレインサンダーズ　第2位

群馬クレインサンダーズとのホーム戦は毎試合激しい展開になる。昨シーズンは開幕節で対戦し2連敗。北関東のライバルは今シーズンの最初の対戦でも立ち上がりから牙をむいてきた。

第１クォーターから走られ17-31と大量ビハインドを背負ったブレックス。ヤン・ジェミンの3点シュートなどで一時3点差まで迫った第2Qも終盤に引き離され、第3Q開始10秒でその差はこの日最大の17まで広がった。だが、ここから猛反撃が始まる。

その立役者は比江島慎とアイザック・フォトゥ。第3Qは比江島が外、フォトゥが内から的確に射貫いて2人で15点を奪取。点差を１桁に縮め、その勢いを持続させた第4Qも驚異の追い上げを見せる。第4Q残り38秒、鵤誠司の３点シュートでついにその背中を捉えた時のファンの熱狂ぶりは最高潮に達していた。

互いに譲らないオーバータイムは3点ビハインドの残り19．8秒に比江島が値千金の３点シュートを成功。ダブルオーバータイムの5分間は比江島が無得点だった代わりにフォトゥ、ジョシュ・スコットがインサイドで踏ん張り、粘る群馬を2点上回った。この試合で比江島は29得点、フォトゥが25得点。終了時間は午後10時。試合後の記者会見での両監督の疲労感が死闘ぶりを物語っていた。

2022-23 UTSUNOMIYA BREX BEST GAME

Bリーグ移行後では初めてチャンピオンシップ進出を逃す結果に終わった今シーズンのブレックス。
望んだ結果が多くなかった60試合だが、その中にもファンの心を揺さぶる数々の名勝負があった。
印象的な今シーズンのベストゲームを選んだ。

小玉義敬・文／写真　山田壮司・写真

2023.1.18　○85-70

vs. レバンガ北海道　第5位

縦への速さで得た手応え

苦しんだ前半戦の戦いで顕著だったブレックスの課題がオフェンス。セットオフェンス時にパスが回らず手詰まり感が出る課題を打開すべく、攻守の切り替えを速める「縦に速いオフェンス」を試したのがシーズンの折り返しとなるレバンガ北海道との試合だった。

オーバータイムの末に勝利した第2節の大阪エヴェッサ戦（87-82）と第8節の群馬戦（91-89）を除けば、前半戦では２番目に多い85得点。試合を通じて人もボールも動き続け、アシスト数27は前半戦最多だった。ハンドラー役を担った荒谷裕秀や鵤誠司の積極的なペイントアタックから遠藤祐亮の3点シュートが効果的に決まり、ジョシュ・スコット、アイザック・フォトゥ、グラント・ジェレットのインサイド陣はいずれも15得点以上をマーク。２点シュートの成功率は67.6％と高確率を維持し、つかんだリズムが乱れることは最後までなかった。

この快勝の後チームは10試合で7勝をマーク。そのうち5試合で80点以上を記録するなどオフェンスに改善の兆しがうかがえた。そのきっかけをつかむ意味でも大きな1勝だった。

写真提供：B.LEAGUE

最終戦で見せた意地とプライド

第1位

2023.5.7 ○82-80

vs. 千葉ジェッツ

リーグ戦と天皇杯を通じて3戦全敗で迎えた東地区王者・千葉ジェッツとの今季最終節。初戦を89-92で落として迎えた最終戦に劇的なドラマが待っていた。

試合の立ち上がりこそリードを追う展開となったブレックスだったがグラント・ジェレットや比江島慎が勝負強くシュートを沈め対抗。第2クォーター（Q）だけで8得点を挙げた高島紳司は千葉Jの日本代表ガード富樫勇樹への密着マークでターンオーバーを誘発し引き離しにかかる千葉Jに必死に食らい付いた。

後半は竹内公輔がゴール下で奮闘し、富樫の3点シュートには渡邉裕規の2本の3点シュートで“お返し”。ディフェンスでは全員が愚直に体を張り、我慢し続けて流れをつかんだのが第4Q。躍動したのは比江島だ。このクオーターは6分40秒の出場ながら抜群の集中力と勝負強さで12得点を荒稼ぎし、80-80の残り10.9秒でボールを受けると最後は決勝ブザービーターをねじこんだ。

勝負を決めたのはエースだが、複数の選手が関わりその誰もが自らに課せられた役割を高い精度で遂行。チームの意地とプライドを示し一丸でつかみ取った勝利だった。

敵地を黙らせたエースの大仕事

第3位

2022.10.14 ○71-70

vs. 仙台 89ERS

ブレックスの選手である以上、例えエースでもディフェンスでの高い貢献を求められる。そのことを十分に理解する比江島慎が勝負どころで大仕事をやってのけた。

開幕3連敗後に今シーズン初勝利を挙げ、連勝を期して挑んだアウェー仙台89ERS戦は終盤まで１点を争う接戦。68-70で迎えた第4クォーター（Q）残り25秒、ポゼッションはブレックス。トップの位置で受けた比江島から遠藤祐亮、アイザック・フォトゥへとつながり、ボールは再び比江島へ。一つシュートフェイクを入れて左45度から放った3点シュートは美しい放物線を描いてリングに吸い込まれた。

試合時間は残り2.7秒。エースの真骨頂はむしろこの局面の守備にあった。右サイドラインからのパスがゴール下のジャスティン・バーレルに入った際、マークするジョシュ・スコットはわずかにバランスを崩していた。絶体絶命かと思われた瞬間、そのシュートを後ろからたたき落としたのが比江島だった。

しびれる勝ち越しゴールを決めてなお「まだ2秒ある」と冷静さを保ち最後まで集中力を切らさなかった背番号6。ブレックスに移籍して培われた高い守備意識がもたらした今シーズン初の連勝だった。

最大18点差をはねのける大逆転劇

第4位

2023.4.22

○85-80

vs. 秋田ノーザンハピネッツ

写真提供／B.LEAGUE

“最後まで諦めない”。今季のブレックスの終盤の戦いを凝縮したかのような1試合だった。

３週連続の水曜ナイトゲームを終え、中1日で敵地に乗り込む強行日程で行われた2連戦。初戦を14点差で勝利したものの第2戦はホームで連敗はできない秋田ノーザンハピネッツがエナジーを高め第2クォーター（Q）に大量29失点。ビハインドは最大18点にまで広がった。

だがここで集中力は切れなかった。第3Qで10点差まで縮めると、第4Qに大量33得点で一気に逆転。笠井康平が2本の3点シュートを含むシーズンハイの13得点とベンチから躍動すると、終盤はアイザック・フォトゥが怒濤の3連続3点シュート。加えて存在感を放ったのがグラント・ジェレットだ。19得点に加え加入後最多の16リバウンドをマークした背番号34は第4Qだけで10得点７リバウンドとゴール下を支配。要所では3点シュートも沈め大逆転勝利の立役者の１人となった。

終盤にチームにフィットしチャンピオンシップ（CS）で大活躍した昨シーズンのチェイス・フィーラー同様、ジェレットもシーズン途中での加入ながら見事にフィット。CS出場を逃しても最後まで成長を続けたチームで欠かせない1ピースとなった。

東アジアのクラブ王座を決める「東アジアスーパーリーグ（EASL）」が今年初開催され、3月1~5日まで宇都宮市と沖縄市で試合を行った。Bリーグ勢からは昨シーズン優勝の宇都宮ブレックスと同準優勝の琉球ゴールデンキングスが出場し初代王者に挑んだ。

大会の開催が発表されたのは2021年12月。Bリーグのほかに韓国やフィリピンなどから計8チームが参加して22年秋に開幕、23年2月にかけてホームアンドアウェーで対戦。同年３月にトーナメント形式のファイナル４で優勝を決める方式がとなっており、優勝賞金は当初100万ドルに設定されていた。

22年6月にはグループステージの組み合わせ抽選会も開かれ、ブレックスは韓国KBL優勝のソウルSKナイツなどと同じ組に入ることが決まった。10月の開幕に向け準備は着々と進んでいたが、主催する「EASL」は新型コロナウイルスを理由に9月に突如開催方式の変更を発表。その後検討を重ね、「チャンピオンズウィーク」と称して宇都宮などで集中開催する新たな大会方式が決定した。

チャンピオンズウィークでは出場する8チームがＡ、Ｂの２グループに分かれ、各チームはグループ内の2チームと対戦。両グループの1位同士で決勝、2位同士で3位決定戦を実施。ブレックスはグループＢに所属し、フィリピンPBA準優勝のTNTトロパンギガ、中華圏代表のベイエリアドラゴンズとの対戦が決まった。

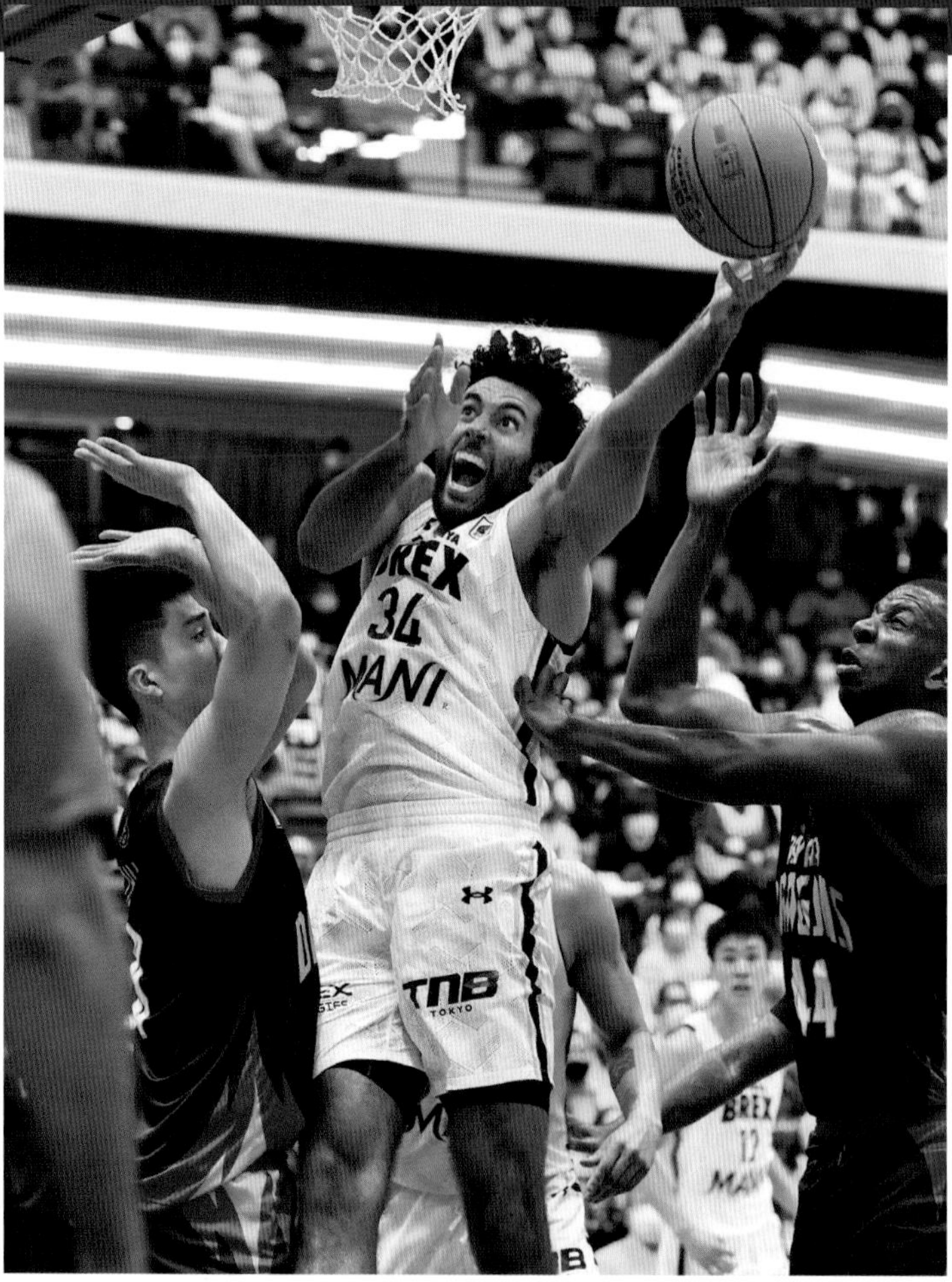

1次リーグ　第2戦 vs. ベイエリアドラゴンズ

ベイエリアドラゴンズ　○　96-90　●　宇都宮ブレックス

グループＢでは韓国のソウルSKナイツが2連勝で2位以上を確定。沖縄市で行われる順位決定戦に進むもう一枠は、ブレックスとベイエリアのいずれかに絞り込まれた。ブレックスは勝てば得失点差の兼ね合いで1位通過が決まるが、負ければベイエリアと1勝1敗で並び、直接対決の成績で下回るため一転して敗退が決まる条件。TNT戦から中１日で負けられない一戦は幕を開けた。

ベイエリアは今大会のために創設されたチームでヘッドコーチはオーストラリア代表指揮官でもあるブライアン・ゴージャン。中国人選手が中心だが複数国籍を持つ選手も多く、カナダ代表パワーフォワードのアンドリュー・ニコルソンやアメリカ出身ガードのマイルズ・パウエルはNBAでプレーした経験もある。初戦で対戦したTNT以上に強力な個の力を全面に押し出してくるチームだった。

ブレックスは第1Ｑ序盤にジェレットのゴール下の粘りからペースをつかみかけたが、225センチの中国人センター、リュウ・チャンシンが投入されてからは高さで苦戦し17−23とリードを明け渡した。それでも第２Ｑは中盤以降に比江島慎や遠藤祐亮らの3点シュートで反撃。終盤に逆転して49−47とリードして前半を終えた。

勝負の後半で先にペースをつかんだのはベイエリア。第3Ｑは序盤にパウエルらが個の力で得点を重ね、ブレックスは連続７失点を喫するなど65−73と逆転を許した。その後は一進一退が続く中で、第4Ｑは高島紳司の3点シュートなどで追い上げ1ゴール差まで迫ったが最後まで背中を捉え切れなかった。

この結果ソウルSKナイツが1位、ベイエリアが2位でグループステージを突破しブレックスはグループB3位で敗退が決定。試合後、竹内は「少しでも自分たちが隙を見せれば一気に得点してくる」と話し、高島は「相手の大きさや力強さに押された」と個の差を埋め切れなかったことを認めた。一方で大会を通じて組織力で相手を苦しめる時間帯があったことも事実。竹内は「この大会で得た経験を生かしていかないと」と前を向いた。

東アジアスーパーリーグ

EASL CHAMPIONS WEEK

日環アリーナ栃木 2023 3.1-3.5

小玉義敬・文　下野新聞社 写真映像部・写真

1次リーグ 第1戦 vs. TNTトロパンギガ

宇都宮ブレックス ○ 99-66 ● TNTトロパンギガ

TNTトロパンギガとの開幕戦でブレックスは見事な快勝劇を演じた。立ち上がりは遠藤祐亮や鵤誠司の3点シュートで先行したが、TNTも3点シュートで応戦。第1クォーター（Q）は25−26で終えたが圧巻だったのは第2Qだ。ディフェンスではボールマンに対して高い位置からプレッシャーを与えて相手の3点シュートを封じた。インサイドではジョシュ・スコットが高さと強さで奮闘。ディフェンスからつくったリズムをオフェンスにつなげスコットの速攻でリードを拡大すると、中盤以降はグラント・ジェレットの3連続3点シュートなどで14連続得点。32−8と一気に畳みかけ23点の大量リードで前半を折り返した。

後半は第3Qにディフェンスの強度を上げてきたTNTに対し、ブレックスも比江島慎を起点に対抗。巧みなステップからの得点やスコット、ジェレットへのアシストで流れを渡さず79−55で第4Qへ。終盤もヤン・ジェミンの3点シュートや喜多川修平のミドルシュート、スコットのゴール下などで加点。最後まで攻守に手を抜かずTNTに反撃の隙すら与えなかった。

終わってみればスコットが24得点14リバウンド、ジェレットも20得点13リバウンドとインサイドを制圧。試合を通してのフィールドゴール成功率は50%、アシスト数も24−8と圧倒した。バスケットボールが国技になっているフィリピンリーグ準優勝チームの力強い個の力をブレックスは強固な組織力で完全に封じ込めた。

Bリーグオールスターゲーム2023

B.LEAGUE ALL·STAR GAME 2023

1.13-1.14

アダストリアみとアリーナ

小玉義敬・文／写真

リーグを代表する選手たちが集う夢の祭典「Bリーグオールスターゲーム」が1月13、14日に水戸市のアダストリアみとアリーナで行われた。オールスターは新型コロナウイルスの影響で過去2年連続で中止となり3年ぶりの開催。本場NBAでもお馴染みのスキルズチャレンジ、3点シュートコンテスト、ダンクコンテストのほか、アジア選抜対若手選抜の試合や各ユースチームから選抜された選手同士の対戦など2日間に渡ってさまざまなイベントが催された。ブレックスからは佐々宜央ヘッドコーチ(HC)をはじめ、比江島慎、ジョシュ・スコット、ヤン・ジェミン、U18チームから藤井大が出場し好プレーで会場を沸かせた。

DAY1は3点シュートコンテストに比江島、アジア選抜対若手選抜の試合にヤンが登場した。3点シュートコンテストは7選手で争われ比江島は初出場。リーグ戦では今シーズン日本人トップの43・4%をマークした比江島だったがこの日はまさかの苦戦で最高30点のところ10得点にとどまった。一方、アジア選抜の主将として出場したヤンは第1クォーター(Q)の2連続を含む3本の3点シュートを成功。中でも第3Qに決めた3本目はラインから大きく離れた位置から見事に打ち抜き笑顔でパフォーマンスを決めていた。118―114での勝利に貢献したヤンは「普段は違うチーム、違う国を代表して戦っているけど、今回共にプレーできとても楽しかった」と同胞との共闘に笑顔を見せた。DAY2は本戦を前にU18オールスターが開催。チーム「EAST」の主将として出場した藤井は得点こそ第1Qの3点シュート1本に留まったが、トップチーム譲りの激しい守備を見せ存在感を放った。

そして2日間を締めくくるメインイベントとして行われたのがオールスター戦だ。この試合からマスクを着用しての大声での応援が部分的に認められたこともあり、3146人が集まった会場は試合前から熱気に包まれていた。ブレックスからは比江島が4大会連続6度目、スコットが2大会連続2度目の出場で共に「B・WHITE」の選手として先発出場。特にスコットは初選出された前回の沖縄でのオールスターが中止となったため待望の初出場となった。B・WHITEは佐々HCが率いた。

幕開けはド派手なオープニングショー。

選手は特設のお立ち台から一人ずつ入場し、広島ドラゴンフライズの辻直人（B.WHITE）がピンク色の全身タイツで登場すると、それに合わせて比江島も黄色の全身タイツで登場。照れ笑いを浮かべる様子に、会場からはブレックスファン以外からも〝黄色い声援〟が上がっていた。大盛り上がりで始まった試合は第1Qから華麗なプレーが連続する中で普段はあまり見ることのない意外性のあるプレーも。スコットは第1Q3分に3点シュートに挑戦するも決まらず、すぐに持ち場のゴール下に戻って次のオフェンスでは豪快なダンク。「1本目で入らなかったのでこれ以上外すと佐々HCに代えられちゃうと思って次からは自分のいつもやっているプレーに徹した」と冗談交じりに語った。

スコットはシュート9本を成功させチーム3位の18得点。5本をダンクで成功させるなど豪快なプレーで期待に応えた。ファン投票で「スモールフォワード・パワーフォワード・センター部門」1位となる14万1381票を集めた背番号40は「ファンの皆さんがたくさん投票してくれた結果、自分はこの場に立てている。素晴らしい舞台に立つことができてうれしかったし、それを実現してくれたファンの皆さんのためにもいいショーを見せたかった」と夢の祭典を満喫した様子だった。

一方、「ポイントガード・シューティングガード部門」で1位となる15万6250票を集めB・WHITEの主将も務めた比江島は、豪華なチームメートを生かすアシスト役として躍動した。第4Qには千葉ジェッツの富樫勇樹からのパスを空中で右手一本で千葉Jのギャビン・エドワーズに通して豪快なダンクを演出。得点は第3Q開始5秒で決めたレイアップの2点のみだったが、13分9秒の出場でチーム3位の5アシストをマークした。試合はB・WHITEが123-127で惜敗。試合後は「久しぶりのオールスターで素晴らしいメンバーと演出の中でキャプテンを務めることができて幸せだった。結果として勝つことができれば良かったがとりあえず楽しめたので良かった」と笑顔で話した。

に立たされたのは第2Q。内外角から多彩な攻めを見せる千葉Jのオフェンスを止められないままビハインドは瞬く間に拡大。比江島や高島紳司の3点シュートで追いすがったが攻守に完成度の高い千葉Jも簡単には崩れず、終わってみればその差は20点。この差は終盤まで重くのしかかった。

それでも勝利への執念を失わず、ブレックスは後半に懸命の猛追をみせた。第3Qは遠藤祐亮が富樫とのミスマッチを突いてポストアップからミドルシュートを成功。速いテンポからアイザック・フォトゥのインサイドや比江島の3点シュートなどでじわじわ追い上げ、残り3分を切り鵤誠司の3点シュートで10点差まで接近。一気に畳みかけたい場面だったが千葉Jも譲らず、終盤には連続3点シュートを被弾。このクオーターは27得点を奪う猛攻だったが1桁点差に縮めることはできずビハインドは14点。第4Qも粘り続けだが、追い上げても引き離され2桁点差が縮まらない。そのまま時間だけが無情に過ぎていった。

試合後、比江島は悔しさを押し殺すように「後半のバスケが前半からできていれば」とつぶやいた。高島やグラント・ジェレットらシーズン途中で加入した選手も徐々に戦術の中で機能するようになり、後半の20分間のスコアは42－34と上回った。29点差で敗れた第5節と比べても攻守で戦えていた実感は少なからず選手にはあった。だが、目指すバスケットボールを1試合通じて表現できる徹底力という面では見劣りしたのも事実。試合を通して千葉Jのフィールドゴール成功率を40%以下に抑えるなどポジティブな要素もあった一方、チームが抱える課題を改めて突き付けられた一戦でもあった。

EMPEROR' S CUP BASKETBALL 2022-23

天皇杯

第98回天皇杯全日本選手権ファイナルは3月12日に東京都の有明コロシアムを舞台に行われ、B1の千葉ジェッツが4年ぶり4度目の王座に就いた。宇都宮ブレックスはセミファイナルでその千葉Jに65-77で敗れ2年連続の3位。悲願の初優勝には届かなかった。

小玉義敬・文　下野新聞社 写真映像部・写真

セミファイナル

SEMI FINALS

vs 千葉J 65-77

2度のBリーグ王者に輝くなど日本のバスケットボール界をけん引してきたブレックスが唯一手にしていないタイトルが天皇杯だ。今季のスローガンはさらなる高みを目指して進化を止めず、成長し続けるシーズンにするとの意味が込められた「Go Higher」。未踏の頂を目指す挑戦はセミファイナルから。多くのファンが詰めかけたブレックスアリーナ宇都宮でライバルを迎え撃った。

千葉Jはリーグ戦20連勝中と絶好調のまま宇都宮に乗り込んできた。「今シーズンは特に攻守に隙が無く、誰が出ても同じレベルでプレーできる」。決戦を前にブレックスの比江島慎は千葉Jの印象をそう語っている。

ジョン・パトリックヘッドコーチの下で攻守に積極性を増した今シーズンはヴィック・ロー、ジョン・ムーニーに日本国籍取得のギャビン・エドワーズを加えた強力なビッグラインアップが特徴。日本代表司令塔の富樫勇樹に、屈強なフィジカルを誇る原修太を加えた盤石の先発陣に加え、ベンチには得点力の高いクリストファー・スミスが控える。その布陣はリーグ屈指を誇っていた。

一方のブレックスも、2023年に入ってからは9勝4敗と持ち直していた。攻守の素早い切り替えからのオフェンスが奏功し、1月29日には西地区で首位争いを演じていた広島に快勝。千葉Jとはリーグ戦の第5節で対戦して58-87で大敗していたが、「当時とはメンバーも状況も違う。その時のようにはしたくないし、そうはならないとも思っている」と佐々宜央HCも手応えを口にしていた。

試合は両チームが立ち上がりから激しく体をぶつけ合った。第1クォーター（Q）は互いのディフェンスの強度が高く、シュート確率はブレックスの18.8%に対し千葉Jも26.3%と低調。ただ、その中でのターンオーバー数は千葉Jの2に対しブレックスは6とシュートにつなげるまでのミスが響いて7-15と主導権を握られた。さらに劣勢

GAME-1

攻撃停滞　よもやの大敗

vs. 琉球ゴールデンキングス

第1戦　2022.10.1

▶沖縄アリーナ　8022人

琉球　**81－52**　宇都宮

第1Q	16	－	10
第2Q	21	－	9
第3Q	29	－	18
第4Q	15	－	15

琉　球　1勝0敗
宇都宮　0勝1敗

序盤からミスを重ね後手に回った。第1Qはアイザック・フォトゥの3点シュートや荒谷裕秀の得点で踏ん張ったが、第2Qはシュート精度が上がらず9得点に抑え込まれた。守備は相手のインサイドへの攻撃を止められず19－37で折り返した。

悪い流れは第3Qも変えられず3点シュートを立て続けに決められるなどして29失点。試合を通じたリバウンド数は相手に16本も上回られるなど最後まで立て直せなかった。

GAME-2

追い上げ及ばず2連敗

vs. 琉球ゴールデンキングス

第2戦　2022.10.2

▶沖縄アリーナ　6510人

琉球　**85－70**　宇都宮

第1Q	22	－	6
第2Q	19	－	14
第3Q	22	－	26
第4Q	22	－	24

琉　球　2勝0敗
宇都宮　0勝2敗

立ち上がりに連続9失点を喫するなど序盤から劣勢。第2Qも相手の厳しい守備の前に得点を伸ばせず20－41で前半を折り返した。

後半は前線からの激しい守備で相手のシュートミスを誘いジョシュ・スコットのインサイドや喜多川修平の3点シュートなどで得点。第4Qも遠藤祐亮やジュリアン・マブンガの3点シュートなどで追い上げ、一時8点差まで迫ったが追い付くまでには至らなかった。

GAME-3

終盤失速　開幕3連敗

vs. 大阪エヴェッサ

第3戦　2022.10.8

▶おおきにアリーナ舞洲　3494人

大阪　**70－68**　宇都宮

第1Q	12	－	13
第2Q	11	－	16
第3Q	24	－	22
第4Q	23	－	17

大　阪　1勝2敗
宇都宮　0勝3敗

西地区の大阪と対戦し第4Qに残り4・5秒に3点シュートを決められ68－70で逆転負けを喫した。開幕3連敗はトップリーグNBL時代の2013－14シーズン以来9季ぶりで、Bリーグ移行後は初。

ブレックスは6点リードで入った第3Qに比江島慎らの3点シュートで加点。しかし、終了間際に3連続3点シュートを決められ4点差に詰められた。

第4Qは残り4分で11点リードしたが、前半1得点に抑えていた相手米国人エースに同Qだけで9得点を献上して差を詰められると、攻撃では残り2分を切ってからフリースローを6本連続でミスして万事休した。

GAME-4

16点差逆転、延長制す

vs. 大阪エヴェッサ

第4戦　2022.10.9

▶おおきにアリーナ舞洲　3457人

大阪　**82－87**　宇都宮

第1Q	22	－	17
第2Q	14	－	18
第3Q	25	－	19
第4Q	14	－	21
延長	7	－	12

大　阪　1勝3敗
宇都宮　1勝3敗

ブレックスは大阪に延長の末87－82で逆転勝ち。開幕からの連敗を3で止め今季初勝利を飾った。

序盤からジョシュ・スコットを中心にインサイドで得点。第2Qはベンチスタートのヤン・ジェミンや竹内公輔の得点で追い上げ35－36で前半を折り返した。

後半は立ち上がりに相手米国人エースに連続得点を許すなど最大16点差をつけられたが、ヤンの3点シュートやドライブで応戦。第4Q残り47秒で比江島慎の3点シュートが決まり75－75の同点に追い付いた。

延長では比江島のアシストからインサイド陣が得点して残り30秒を切って83－82とリード。フリースローで着実に加点し逃げ切った。

GAME-5

残り2秒　起死回生

vs. 仙台 89ERS

第5戦　2022.10.14

▶ゼビオアリーナ仙台　4008人

仙台　**70－71**　宇都宮

第1Q	14	－	21
第2Q	25	－	14
第3Q	20	－	14
第4Q	11	－	22

仙　台　2勝3敗
宇都宮　2勝3敗

第1Qにジョシュ・スコットのインサイドや比江島慎、ヤン・ジェミンの3点シュートで21－14とリードしたが、第2Qは相手のインサイドアタックを止められず25失点。前半を35－39で折り返した。

後半も悪い流れを断ち切れず第4Q3分でこの日最大の14点差をつけられたが、ここから猛追。鵤誠司のレイアップや竹内公輔の3点シュートなどで一気に4点差まで迫り、残り1分半で同点に追い付いた。その後再び先行されたが、残り2秒で比江島が起死回生の3点シュートを決めた。

GAME-6

守りきって3連勝

vs. 仙台 89ERS

第6戦　2022.10.15

▶ゼビオアリーナ仙台　4128人

仙台　**59－63**　宇都宮

第1Q	9	－	15
第2Q	13	－	12
第3Q	16	－	13
第4Q	21	－	23

仙　台　2勝4敗
宇都宮　3勝3敗

ブレックスが強度の高い守備で守り勝った。序盤から激しいプレッシャーで相手のシュートミスを誘った。攻撃は停滞する時間帯もありながら、ジョシュ・スコットのアタックなどで着実に加点し、27－22で前半を折り返した。

一進一退の展開となった後半。第3Qには連続3点シュートを浴び40－38と差を縮められた。第4Qも立ち上がりにリードを奪われたが比江島慎や鵤誠司の3点シュート、アイザック・フォトゥのアタックで対抗。高い集中力を維持して体を張った守りで簡単に失点せず、比江島らの得点で逃げ切った。

GAME-7

第4Q　逆転許す

vs. アルバルク東京

第7戦　2022.10.22

▶ブレックスアリーナ宇都宮　4415人

宇都宮　75-77　東京

第1Q	20	15
第2Q	18	22
第3Q	19	16
第4Q	18	24

宇都宮　3勝4敗
東　京　4勝3敗

A東京に75−77で競り負けた。連勝が3で止まり通算成績は3勝4敗。序盤からアイザック・フォトゥのインサイドなどで得点。開始から3分半で12−4とリードを奪うなど第1Qを20−15とリードした。第2Qは相手の反撃を受けたが、比江島慎のゴール下や渡邉裕規の2本の3点シュートなどで応戦し38−37で前半を折り返した。

第3Qはフォトゥのシュートなどで57−53とリードを保ったまま終盤へ。しかし、第4Qは相手の守備の前に攻撃が停滞。比江島の3点シュートやジョシュ・スコットのゴール下などで食い下がったが相手の攻撃を抑え切れなかった。

GAME-8

終盤に連日の悪夢

vs. アルバルク東京

第8戦　2022.10.23

▶ブレックスアリーナ宇都宮　4326人

宇都宮　57-60　東京

第1Q	14	11
第2Q	16	12
第3Q	15	16
第4Q	12	21

宇都宮　3勝5敗
東　京　5勝3敗

A東京に土壇場で逆転を許し57−60で競り負けた。2連敗で通算成績は3勝5敗。

前日に続き序盤は主導権を握った。鵤誠司、遠藤祐亮の得点などで第1Qを14−11とリード。第2Qは渡邉裕規ら4選手の連続3点シュートなどで30−23とリードを広げ前半を折り返した。

第3Qは相手のインサイドの得点で追い上げを許したが、ジョシュ・スコットのゴール下やヤン・ジェミンのブザービーターなどで45−39。第4Qもスコットのミドルシュートなどで残り2分を切って5点をリードしたが、そこから立て続けに失点し逆転された。

GAME-9

3連敗、今季最多失点

vs. 千葉ジェッツ

第9戦　2022.10.26

▶ブレックスアリーナ宇都宮　3764人

宇都宮　58-87　千葉

第1Q	12	22
第2Q	13	12
第3Q	14	23
第4Q	19	30

宇都宮　3勝6敗
千　葉　7勝2敗

千葉Jに今季最多失点を喫し58−87で大敗した。3連敗で通算成績は3勝6敗。

第1Q序盤をアイザック・フォトゥの連続得点でリードしたが、残り3分から14連続得点を許し12−22。第2Qも差を縮められず25−34で前半を折り返した。

第3Qはフォトゥやジュリアン・マブンガが得点し田臥勇太の激しいプレッシャーでターンオーバーを誘うなどしたが、3本の3点シュートを決められるなどして39−57。第4Qも比江島慎の2本の3点シュートなどで食い下がったが、守備で粘り切れず差を広げられた。

GAME-10

主導権譲らず快勝

vs. シーホース三河

第10戦　2022.11.19

▶豊田市総合体育館　3643人

三河　69-81　宇都宮

第1Q	12	22
第2Q	19	15
第3Q	16	21
第4Q	22	23

三　河　4勝6敗
宇都宮　4勝6敗

ブレックスは中断期間明けを勝利で飾るとともに連敗を3で止め、通算成績は4勝6敗。

立ち上がりで主導権を握り第1Qを22−12とリード。第2Qはベンチメンバー中心の時間帯に追い上げられたが、残り3分から鵤誠司や遠藤祐亮が3点シュートを決め37−31で前半を折り返した。

第3Qはベンチスタートの荒谷裕秀が9得点と躍動。さらにヤン・ジェミンの積極的なアタックや竹内公輔のブザービーターなどでリードを広げると、第4Qも鵤の3本を含む計5本の3点シュートを決め突き放した。

GAME-11

終盤突き放し連勝

vs. シーホース三河

第11戦　2022.11.20

▶豊田市総合体育館　3740人

三河　65-74　宇都宮

第1Q	17	17
第2Q	19	18
第3Q	13	16
第4Q	16	23

三　河　4勝7敗
宇都宮　5勝6敗

三河を第4Qに突き放して74−65で快勝した。2連勝を飾り通算成績は5勝6敗。

試合は序盤から一進一退。第1Qは比江島慎、遠藤祐亮の3点シュートなどで先行したが終盤に連続3点シュートを許して17−17。第2Qは逆に相手に先行され最大6点差をつけられたがアイザック・フォトゥの内外角の得点で追い上げ、35−36で前半を折り返した。第3Qはフォトゥや比江島の得点などで51−49と逆転。激しい攻防が繰り広げられた第4Qは遠藤の2本の3点シュートや竹内公輔のミドルシュート、さらにジョシュ・スコットのインサイドなどで着実に加点し、粘る三河を振り切った。

GAME-12

今季ホーム初勝利

vs. 京都ハンナリーズ

第12戦　2022.11.26

▶ブレックスアリーナ宇都宮　3734人

宇都宮　83-75　京都

第1Q	16	4
第2Q	18	21
第3Q	22	14
第4Q	27	36

宇都宮　6勝6敗
京　都　6勝6敗

京都に83−75で競り勝ち、今季ホーム初勝利と2度目の3連勝を飾り通算成績は6勝6敗。第1Q序盤に比江島慎の連続3点シュートでリズムをつかむと攻守がかみ合い16−4とリードした。第2Qは序盤にシュートが入らず、京都のアウトサイドからの攻撃に苦しみ停滞。悪い流れを比江島、遠藤祐亮の3点シュートで断ち切り34−25で折り返した。

第3Qは比江島の巧みなドライブからのシュートや笠井康平の3点シュートなどでリードを拡大。第4Qは京都の追い上げで一時は7点差まで迫られたが、ジョシュ・スコットのゴール下の奮闘や遠藤の3点シュートなどで突き放した。

GAME-13

ベテラン奮起　初の4連勝

vs. 京都ハンナリーズ

第13戦 2022.11.27

▶ブレックスアリーナ宇都宮　3484人

宇都宮	81－58	京都
第1Q	20 － 17	
第2Q	13 － 13	
第3Q	20 － 15	
第4Q	28 － 13	

宇都宮　7勝6敗
京　都　6勝7敗

第1Qをジョシュ・スコットの12得点の活躍などで20－17とリード。第2Qは開始から7分間で3－9と劣勢を強いられたが、比江島慎と鵤誠司の3点シュート、粘り強い守備からのスコットの速攻で盛り返し33－30で前半を終えた。

後半はベテラン陣が奮起した。第3Qは喜多川修平が積極的なドライブや3点シュートで53－45とリードを広げると、第4Qは竹内公輔が3点シュートやゴール下で奮闘。残り1分45秒で渡邉裕規が3点シュートを沈め大勢を決めた。

GAME-14

5連勝　再延長制す

vs. 群馬クレインサンダーズ

第14戦 2022.11.30

▶ブレックスアリーナ宇都宮　3149人

宇都宮	91－89	群馬
第1Q	17 － 31	
第2Q	19 － 20	
第3Q	21 － 14	
第4Q	18 － 10	
延長1	9　9	
延長2	7　5	

宇都宮　5勝6敗
群　馬　10勝4敗

ブレックスは同地区の群馬を2度の延長の末91－89で下した。連勝を5に伸ばし通算成績は8勝6敗。第1Qは群馬の激しい攻守の切り替えに苦しみ17－31。第2Qは、やや持ち直したが点差を詰められず前半を36－51で折り返した。

第3Qは比江島慎の果敢な仕掛けやアイザック・フォトゥのゴール下の粘りなどで主導権を奪い57－65まで挽回。第4Qは鵤誠司の3点シュートなどで攻め続け75－75で今季2度目の延長に突入した。1度目の延長では両者譲らず、2度目の延長で我慢強く守り決着をつけた。

この試合で比江島がB1リーグ通算300スチールと1000アシスト、ジョシュ・スコットが2000リバウンドを達成した。

GAME-15

中盤停滞6連勝逃す

vs. 横浜ビー・コルセアーズ

第15戦 2022.12.3

▶ブレックスアリーナ宇都宮　4304人

宇都宮	77－87	横浜
第1Q	19 － 17	
第2Q	21 － 24	
第3Q	17 － 28	
第4Q	20 － 18	

宇都宮　8勝7敗
横　浜　7勝8敗

横浜BCに77－87で敗れ、連勝が5で止まり通算成績は8勝7敗。遠藤祐亮の3本の3点シュートなどで第1Qを19－17とリード。第2Qは相手の3本の3点シュートと司令塔河村勇輝を起点とした速攻で逆転を許し、遠藤の3点シュートやジョシュ・スコットの3点プレーなどで盛り返したが40－41で折り返した。

後半は立ち上がりの2分で3－10と一気にリードを広げられるなど第3Qだけで28失点。比江島慎の3点シュートなどで追い上げたが、第4Qは要所でターンオーバーを犯し相手の勢いを止められなかった。

GAME-16

終了間際、痛恨3P喫す

vs. 横浜ビー・コルセアーズ

第16戦 2022.12.4

▶ブレックスアリーナ宇都宮　4359人

宇都宮	72－73	横浜
第1Q	26 － 15	
第2Q	16 － 18	
第3Q	16 － 24	
第4Q	14 － 16	

宇都宮　8勝8敗
横　浜　8勝8敗

ブレックスは第4Q残り0・5秒で逆転の3点シュートを決められ72－73で敗れた。2連敗で通算成績は8勝8敗。順位は同地区4位。

第1Q、遠藤祐亮らが4本の3点シュートを決めて26－15と先行。反対に第2Qは相手に4本の3点シュートを許したがジョシュ・スコット、アイザック・フォトゥのインサイドで応戦し42－33で前半を折り返した。

第3Qは立ち上がりにインサイド陣がオフェンスリバウンドから得点を挙げたが、その後はシュートミスから失点を重ねて58－57。第4Qは喜多川修平らがフリースローを着実に決め残り1分で5点をリード。しかし、そこから相手エース河村勇輝に連続で3点シュートを決められた。

GAME-17

終盤粘り　連敗脱出

vs. 富山グラウジーズ

第17戦 2022.12.10

▶富山市総合体育館　2529人

富山	66－77	宇都宮
第1Q	9 － 12	
第2Q	15 － 16	
第3Q	14 － 17	
第4Q	28 － 32	

富　山　4勝13敗
宇都宮　9勝8敗

富山に77－66で競り勝った。連敗を2で止め通算成績は9勝8敗。順位は東地区4位のまま。

試合は序盤からロースコアの展開。ブレックスは3点シュート5本などで得点を重ねたが、第2Qを終えて28－24と点差は思うように広がらなかった。第3Qは比江島慎や遠藤祐亮の得点などで最大11点差をつけたが、次第に点差を縮められ45－38。

第4Qは開始から2分半は互いに点を取り合うが主導権は徐々にブレックスに。インサイドを起点に比江島やジョシュ・スコットの3点プレーなどでリードを広げ、竹内公輔のダンクなどで突き放した。

GAME-18

終盤再逆転敵地で連勝

vs. 富山グラウジーズ

第18戦 2022.12.11

▶富山市総合体育館　2769人

富山	76－82	宇都宮
第1Q	22 － 28	
第2Q	21 － 21	
第3Q	16 － 15	
第4Q	17 － 18	

富　山　4勝14敗
宇都宮　10勝8敗

ブレックスは富山に82－76勝利し、2連勝を飾り通算成績は10勝8敗。順位は東地区4位。

立ち上がりから3点シュートを効率よく決め第1Qを28－22とリード。第2Q序盤で差を縮められたが、終盤にアイザック・フォトゥらインサイド陣の得点で引き離し49－43で前半を折り返した。

第3Qも竹内公輔らが得点を重ね64－59とリードを保ったまま終盤へ。第4Qは相手に逆転されたが68－72の残り5分から反撃。ジョシュ・スコットのインサイド、遠藤祐亮の3点シュートで逆転し、荒谷裕秀や竹内のシュートで突き放した。

GAME-19

序盤つまずき完敗

vs. 秋田ノーザンハピネッツ

第19戦 2022.12.14

▶ブレックスアリーナ宇都宮　3008人

宇都宮	53-71	秋田
第1Q	8 - 21	
第2Q	18 - 14	
第3Q	12 - 13	
第4Q	15 - 23	

宇都宮　10勝9敗
秋　田　8勝11敗

エースの比江島慎が欠場。ヤン・ジェミンが先発し、10日に加入が発表されたグラント・ジェレットが初めてベンチに入った。第1Qはシュートの精度が低く、11点連続で奪われる苦しい内容。8-21と大きくリードを許した。第2Qは中盤以降に渡辺裕規の奮闘などで反撃。26-35で前半を折り返した。

第3Qは互いにペースをつかめない一進一退が続き38-48。第4Qは一時6点差に迫ったが秋田のゴール下へのドライブを止め切れず、要所でファウルを重ね勝機を手放した。

GAME-20

堅守崩れ今季最多失点

vs. 川崎ブレイブサンダース

第20戦 2022.12.16

▶川崎市とどろきアリーナ　4157人

川崎	97-86	宇都宮
第1Q	23 - 13	
第2Q	19 - 24	
第3Q	28 - 17	
第4Q	27 - 32	

川　崎　13勝7敗
宇都宮　10勝10敗

今季最多失点を喫して中地区の川崎に86-97で敗れた。2連敗で通算成績は10勝10敗。順位は東地区4位のまま。

エース比江島慎が2戦連続で欠場し、笠井康平が今季初先発した。第1Qは五つのターンオーバーから速攻を許して13-23。第2Qは遠藤祐亮の連続3点シュートや新加入のグラント・ジェレットのアタック、渡邉裕規の3点シュートなどで盛り返し37-42で前半を折り返した。

しかし、第3Qで17-28と再びリードを広げられると第4Qも守備で粘れず。終盤にジェレットが2本の3点シュートを決めるなど28得点と気をはいたが及ばなかった。

GAME-21

逆転で3連敗、黒星先行

vs. 川崎ブレイブサンダース

第21戦 2022.12.17

▶川崎市とどろきアリーナ　4713人

川崎	70-66	宇都宮
第1Q	14 - 18	
第2Q	8 - 14	
第3Q	25 - 17	
第4Q	23 - 17	

川　崎　14勝7敗
宇都宮　10勝11敗

後半に失速して中地区の川崎に66-70で競り負けた。3連敗で通算成績は10勝11敗。

ブレックスは第1Qに鵤誠司の3点シュートやアイザック・フォトゥのインサイドで先行。第2Qも粘りの守備で失点を抑え、ジョシュ・スコットのゴール下や渡辺裕規とグラント・ジェレットの3点シュートなどで突き放し32-22で前半を折り返した。

しかし第3Qは守備のずれを突かれて失点を重ね49-47と追い上げられた。一進一退となった第4Qは渡邉の連続3点シュートなどで一時は58-50とリードを広げたが、連続3点シュートを決められるなどし、残り1分半で64-65と逆転され力尽きた。

GAME-22

攻守に精彩欠き4連敗

vs. 茨城ロボッツ

第22戦 2022.12.24

▶アダストリアみとアリーナ　3619人

茨城	79-67	宇都宮
第1Q	12 - 19	
第2Q	23 - 19	
第3Q	25 - 15	
第4Q	19 - 14	

茨　城　6勝16敗
宇都宮　10勝12敗

後半に攻守が停滞し同地区の茨城に67-79で敗れた。連敗が4に伸びて通算成績は10勝12敗。

第1Qにアイザック・フォトゥ、喜多川修平の3点シュートなどで先行し19-12。第2Qはジョシュ・スコットやグランド・ジェレットらがゴール下で奮闘したが、逆に3点シュートで追い上げられ38-35で前半を折り返した。

第3Qは茨城の激しい守備に苦しんで攻撃が停滞。後手に回る場面が増えてファウルがかさみ53-60と逆転を許した。第4Qもシュートの精度が上がらず好機を逃し、守備では何度もゴール下への進入を許して勝機を見いだせなかった。

GAME-23

茨城振り切り連敗脱出

vs. 茨城ロボッツ

第23戦 2022.12.25

▶アダストリアみとアリーナ
3891人

茨城	64-68	宇都宮
第1Q	13 - 12	
第2Q	15 - 19	
第3Q	18 - 15	
第4Q	18 - 22	

茨　城　6勝17敗
宇都宮　11勝12敗

茨城に68-64と競り勝ち、連敗を4で止めた。通算成績は11勝12敗で東地区4位に浮上した。

佐々宜央監督が体調不良のため不在。町田洋介アシスタントコーチが指揮を執った。コンディション不良の比江島慎も5試合連続でメンバーを外れた。

第1Qは互いに得点を伸ばせず12-13。第2Qはブレックスが高島紳司や鵤誠司らの厳しい守備から流れをつかみ、31-28で前半を折り返した。

第3Qは序盤に遠藤祐亮の3点シュートなどで先行したが、徐々にインサイドの守備の甘さを突かれて追い上げを許し46-46。第4Qは一時5点ビハインドを背負ったが、ジョシュ・スコットが攻守ともにゴール下で奮闘。終盤に遠藤が3点シュートを2本決めて粘る茨城を振り切った。

GAME-24

ホーム年内最終戦　完敗

vs. アルバルク東京

第24戦 2022.12.28

▶ブレックスアリーナ宇都宮　4150人

宇都宮	69-82	東京
第1Q	18 - 22	
第2Q	12 - 21	
第3Q	21 - 26	
第4Q	18 - 13	

A東京　19勝5敗
宇都宮　11勝13敗

この試合も佐々宜央監督が体調不良のため不在で、町田洋介アシスタントコーチが指揮。コンディション不良の比江島慎も6試合連続で欠場した。

第1Qは遠藤祐亮の2本の3点シュートなどで連続10得点したが、相手にも4本の3点シュートを浴び18-22。第2Qは開始から連続7失点するなどして、30-43で前半を折り返した。第3Qはヤン・ジェミンやグラント・ジェレットが積極的にゴールにアタック。しかし点差は広がり51-69。第4Qは荒谷裕秀の3点シュートなどで追い上げたが及ばなかった。

年内ホーム最終戦のこの日は4150人が来場しブレックスアリーナ宇都宮でのB1通算50万人入場を達成した。

GAME-25

信州に大敗　苦悩の年越し

vs. 信州ブレイブウォリアーズ

第25戦 2022.12.31

▶長野市ホワイトリング　2766人

信州	83-61	宇都宮
第1Q	11 - 12	
第2Q	24 - 9	
第3Q	24 - 15	
第4Q	24 - 25	

信　州　12勝13敗
宇都宮　11勝14敗

信州が誇る堅守を崩せず61−83で大敗した。

ブレックスはコンディション不良だった比江島慎が復帰。体調不良でベンチを外れていた佐々宜央監督も3試合ぶりに指揮した。一方、今季全試合に先発出場していたアイザック・フォトゥがコンディション不良でベンチ外となった。

第1Qはグラント・ジェレットのダンクや竹内公輔のミドルシュートで12−11とリードしたものの、第2Qで大きく水をあけられ21−35で前半を折り返した。第3Qは喜多川修平が連続得点したが守備が機能せず24失点。第4Qはジェレット、竹内らの得点で追い上げたが及ばなかった。

GAME-26

終盤失速3連敗

vs. 信州ブレイブウォリアーズ

第26戦 2023.1.1

▶長野市ホワイトリング　3643人

信州	70-62	宇都宮
第1Q	18 - 17	
第2Q	16 - 16	
第3Q	15 - 12	
第4Q	21 - 17	

信　州　13勝13敗
宇都宮　12勝15敗

信州に62−70で敗れた。3連敗で通算成績は11勝15敗。順位は東地区5位のまま。コンディション不良のアイザック・フォトゥが2試合連続でベンチから外れた。

第1Qは一進一退の中、比江島慎の3点シュートやジョシュ・スコットのインサイドでの得点などで17−18。第2Qは点差が一時10点まで広がったが、終盤に遠藤祐亮の連続得点などで盛り返し、33−34で前半を折り返した。

第3Qはヤン・ジェミンや渡邉裕規の3点シュートなどで食らい付いたものの信州も譲らず45−49。第4Qは粘り強く追い上げ、残り3分42秒で57−57の同点。だがそこから再び離された。

GAME-27

残り1.4秒　勝ち越す

vs. 名古屋ダイヤモンドドルフィンズ

第27戦 2023.1.7

▶ブレックスアリーナ宇都宮　3651人

宇都宮	80-79	名古屋
第1Q	19 - 22	
第2Q	17 - 18	
第3Q	22 - 16	
第4Q	22 - 23	

宇都宮　12勝15敗
名古屋D　19勝8敗

名古屋Dに80−79で競り勝った。連敗を3で止め通算成績は12勝15敗。順位は東地区5位のまま。

第1Q、遠藤祐亮の2本の3点シュートや高島紳司の好守からの得点、荒谷裕秀のアタックで19−22。第2Qはアイザック・フォトゥのゴール下、鵤誠司の3点シュートなどで一時リードを奪ったが、終盤に3点シュートを決められ36−40で前半を折り返した。

第3Qはフォトゥの3連続得点で流れをつくり、グラント・ジェレットの3点プレーや高島の3点シュートで逆転し58−56。第4Qは荒谷、鵤の連続得点でリードを奪い、最後は残り1·4秒で比江島慎がフリースローを決めて勝ち越した。

GAME-28

18点差逆転実らず

vs. 名古屋ダイヤモンドドルフィンズ

第28戦 2023.1.8

▶ブレックスアリーナ宇都宮　3802人

宇都宮	67-70	名古屋
第1Q	6 - 21	
第2Q	20 - 15	
第3Q	19 - 16	
第4Q	22 - 18	

宇都宮　12勝16敗
名古屋D　20勝8敗

名古屋Dに67−70で競り負けた。最大18点あったビハインドを終盤で一時逆転したが白星はならず、通算成績は12勝16敗。東地区5位は変わらない。

開始から3分半で連続8失点するなど第1Qで6−21と出遅れた。第2Q7分で14−32とリードを広げられたが、そこからグラント・ジェレットの3点プレーなどで盛り返し26−36で折り返した。

第3Qはジョシュ・スコットのインサイド、鵤誠司の3点シュートなどで追い上げ45−52。第4Qも遠藤祐亮の3本の3点シュートなどで肉薄し、残り5分を切って62−61と逆転。その後は互いに点を取り合う中、残り1分11秒で再び勝ち越された。

GAME-29

スコット復調、献身フォトゥ

vs. 仙台 89ERS

第29戦 2023.1.11

▶ブレックスアリーナ宇都宮　2903人

宇都宮	62-55	仙台
第1Q	13 - 9	
第2Q	16 - 13	
第3Q	20 - 15	
第4Q	13 - 18	

宇都宮　13勝16敗
仙　台　8勝21敗

第1Q、鵤誠司の3点シュート、アイザック・フォトゥの巧みなフックシュートなどでリズムをつかみ13−9。第2Q序盤は互いに攻めあぐねる展開からグラント・ジェレットの3点シュートなどでリードを広げ29−22で前半を折り返した。

第3Qは開始1分半で3点差まで詰め寄られたが、遠藤祐亮の3点シュートから再び攻勢に。ジョシュ・スコットの攻守にわたるゴール下の奮闘もあり49−37と仙台を突き放した。第4Qは仙台の追い上げを許し序盤に再び3点差に迫られる苦しい内容。しかし、この試合でチーム最多19得点21リバウンドのスコットの頑張りが実り逃げ切った。

GAME-30

5人が2桁得点　北海道突き放す

vs. レバンガ北海道

第30戦 2023.1.18

▶北海きたえーる　2043人

北海道	70-85	宇都宮
第1Q	16 - 22	
第2Q	17 - 21	
第3Q	18 - 23	
第4Q	19 - 19	

北海道　7勝23敗
宇都宮　14勝16敗

北海道に85−70で快勝した。2連勝で通算成績は14勝16敗。

ブレックスは第1Q、比江島慎のドライブやオフェンスリバウンドからの高島紳司のゴール下、グラント・ジェレットの2本の3点シュートなどで22−16。第2Qはテンポの良いパス回しからアイザック・フォトゥの4連続ゴール、ジョシュ・スコットの3点プレーなどでリードを広げ43−33で前半を折り返した。

第3Qはスコットのインサイドなどで一気に差を広げ66−51。第4Qもジェレットのミドルシュートや遠藤祐亮の2本の3点シュートなどで加点。活発な攻撃で勝ち切った。

ブレックスはフォトゥの18得点を筆頭に5人が2桁得点。また比江島慎は、この試合でB1通算300試合出場を達成した。

GAME-31

前半稼いで快勝

vs. ファイティング イーグルス名古屋

第31戦 2023.1.21

▶ブレックスアリーナ宇都宮 3555人

宇都宮 74-59 FE名古屋

第1Q	17	-	9
第2Q	23	-	15
第3Q	14	-	17
第4Q	20	-	18

宇都宮 15勝16敗
FE名古屋 18勝13敗

FE名古屋に74−59で快勝した。3連勝で通算成績は15勝16敗。順位は東地区5位。

第1Q、比江島慎の3連続ゴールで好スタート。さらにジョシュ・スコットのインサイドで加点し17−9。第2Qはアイザック・フォトゥのインサイド、グラント・ジェレットの3点シュート、高島紳司の速攻と多彩な攻撃で突き放し40−24とした。

第3Qは追い上げられ6分間でリードは10点まで詰まったが、そこからジェレットやスコットのシュートで突き放し54−41。第4Qはフォトゥのインサイド、ジェレットのダンク、高島の3点シュートなどで一気に差を広げ勝負を決めた。

GAME-32

4連勝で5割復帰

vs. ファイティング イーグルス名古屋

第32戦 2023.1.22

▶ブレックスアリーナ宇都宮 3511人

宇都宮 67-62 FE名古屋

第1Q	21	-	13
第2Q	10	-	17
第3Q	17	-	9
第4Q	19	-	23

宇都宮 16勝16敗
FE名古屋 18勝14敗

FE名古屋に67−62で快勝。今季2度目の4連勝を飾り、通算成績16勝16敗で5割復帰を果たした。東地区5位は変わらない。

ブレックスは第1Q、比江島慎や遠藤祐亮の3点シュート、フォトゥのゴール下などで21−13とリード。第2Qは攻撃が停滞し逆転を許したが、終盤に盛り返し31−30で折り返した。第3Qは立ち上がりから堅守で失点を抑えつつ、遠藤や比江島のドライブで着実に得点し48−39と再びリードを拡大。第4Qは相手の連続3点シュートなどで差を縮められたが、高島紳司の連続得点などで応戦し要所で確実にフリースローを決めて突き放した。

GAME-33

前半2桁ビハインド響く

vs. 広島ドラゴンフライズ

第33戦 2023.1.28

▶ブレックスアリーナ宇都宮 4112人

宇都宮 66-72 広島

第1Q	14	-	19
第2Q	12	-	20
第3Q	24	-	17
第4Q	16	-	16

宇都宮 16勝17敗
広　島 26勝7敗

ブレックスは第1クオーターQ、遠藤祐亮の3点シュートや鵤誠司のドライブで先行したがミスから逆転され14−19。第2Qは相手の激しい守備で攻撃が停滞し、一気にリードを広げられて26−39で前半を折り返した。

第3Qは立ち上がりに遠藤と比江島慎が3連続で3点シュートを成功。速い展開と積極的な守備からの得点で50−56と猛追を見せた。第4Qもジョシュ・スコットやグラント・ジェレットのインサイド、比江島の3点シュートなどで食らい付き点差を最少で4点まで縮めたが、そこまでだった。

GAME-34

主導権握り広島破る

vs. 広島ドラゴンフライズ

第34戦 2023.1.29

▶ブレックスアリーナ宇都宮 4343人

宇都宮 81-73 広島

第1Q	22	-	22
第2Q	23	-	14
第3Q	20	-	19
第4Q	16	-	18

宇都宮 17勝17敗
広　島 26勝8敗

積極的な攻撃で序盤から主導権を握り、第1Qは鵤誠司や比江島慎が得点して22−22。第2Qはアイザック・フォトゥの11得点、ジョシュ・スコットの7得点などインサイドで優位に立ち45−36で前半を折り返した。

第3Qは高島紳司とグラント・ジェレットの3点シュートなどでリードを保ち65−55。第4Qに激しい追い上げを受けたが要所でフォトゥ、比江島がインサイドで得点し逃げ切った。

GAME-35

今季初100点ゲーム

vs. 新潟アルビレックスBB

第35戦 2023.2.4

▶アオーレ長岡 2357人

新潟 64-104 宇都宮

第1Q	11	-	31
第2Q	17	-	23
第3Q	23	-	21
第4Q	13	-	29

新　潟 5勝30敗
宇都宮 18勝17敗

ブレックスは中地区の新潟に今季最多得点を挙げて104−64で大勝した。ブレックスの100点ゲームは今季初。通算成績は18勝17敗で東地区5位のままだが、昨年12月15日以来の勝ち星先行となった。

第1Qから攻撃が爆発。3点シュートを8本全て成功させるなど31−11と好スタートを切ると、第2Qもアイザック・フォトゥのリバウンドからの2次攻撃などで54−28と突き放した。

後半もベンチメンバーを中心に最後まで手を緩めずプレー。ベンチ入り全員が得点し、6人が2桁得点をマークした。竹内公輔が12得点14リバウンドのダブルダブル、15得点の遠藤はB1通算3千得点を達成した。

GAME-36

積極シュート　2戦計24得点

vs. 新潟アルビレックスBB

第36戦 2023.2.5

▶アオーレ長岡 2569人

新潟 54-86 宇都宮

第1Q	9	-	17
第2Q	20	-	32
第3Q	20	-	19
第4Q	5	-	18

新　潟 5勝31敗
宇都宮 19勝17敗

第1Qの立ち上がりは拮抗した展開。その中でブレックスはグラント・ジェレットの連続得点などでリードを広げ17−9。第2Qは渡邉裕規の11得点や、この日がデビュー戦となった特別指定選手の小川敦也の6得点などベンチメンバーの活躍で流れをつくり49−29とリードを広げた。

第3Qは比江島慎とジョシュ・スコットの好連係からの得点などで68−49。第4Qは失点を5点に抑えた一方、攻撃では高島紳司の2本の3点シュートなどで着実に加点。相手の反撃を許さず逃げ切った。

GAME-37

101得点4連勝

vs. レバンガ北海道

第37戦 2023.2.11

▶ブレックスアリーナ宇都宮 4221人

宇都宮 101－73 北海道

第1Q	25	18
第2Q	15	15
第3Q	31	16
第4Q	30	24

宇都宮 20勝17敗
北海道 8勝29敗

北海道に101−73で快勝。4連勝で通算成績は20勝17敗。

第1Q、比江島慎の巧みなステップからのシュートなどでペースをつかみ25−18。第2Qは好機で決め切れない中で北海道の追い上げを許す展開。一時は3点差まで迫られたがジョシュ・スコットの攻守両面での奮闘などで盛り返し40−33で前半を折り返した。

第3Qは序盤にアイザック・フォトゥ、遠藤祐亮が3点シュートなどで一気に攻勢を強め11連続得点。筑波大から特別指定選手で加入した小川敦也もダンクシュートを決めるなど71−49まで突き放した。第4Qもグラント・ジェレットの3点シュートなどで主導権を渡さず、今季ホーム初の100点ゲームで東地区最下位の北海道を退けた。

GAME-38

連勝4でストップ

vs. レバンガ北海道

第38戦 2023.2.12

▶ブレックスアリーナ宇都宮 4245人

宇都宮 64－77 北海道

第1Q	8	17
第2Q	12	20
第3Q	21	19
第4Q	23	21

宇都宮 20勝18敗
北海道 9勝29敗

東地区最下位の北海道に64−77で敗れた。連勝が4で止まり通算成績は20勝18敗。

ブレックスは第1Qから攻撃が停滞。相手の激しい守備の前にシュートが決まらず、逆にリバウンドから速攻を許して8−17。第2Qは渡辺裕規のジャンプシュートなどで得点したが、相手の攻撃を止められず20−37で終えた。

第3Qはアイザック・フォトゥの連続得点などでわずかに追い上げ41−56。第4Qは素早いパス回しからの渡辺の3点シュートや、前線でボールを奪ってからの小川敦也の速攻などで追い上げたが及ばなかった。

GAME-39

首位・千葉Jに力負け

vs. 千葉ジェッツ

第39戦 2023.3.8

▶船橋市総合体育館 4484人

千葉 81－68 宇都宮

第1Q	15	12
第2Q	23	15
第3Q	21	21

20連勝中の千葉Jに68−81で敗れた。2連敗で通算成績は20勝19敗。

第1Q開始から0−7と出遅れたブレックスは高島紳司のミドルシュートや2本の3点シュートで反撃。しかし終盤に連続で失点し12−15。第2Qは遠藤祐亮の3点シュートやジョシュ・スコットのゴール下などで一時1ゴール差まで迫ったが、終盤にかけて連続3点シュートを浴びるなどし27−35で折り返した。

GAME-40

主導権譲らず快勝

vs. 群馬クレインサンダーズ

第40戦 2023.3.15

▶太田市民体育館 2820人

群馬 55－81 宇都宮

第1Q	9	20
第2Q	14	16
第3Q	14	19

第1Qから攻守がかみ合い攻勢。鵤誠司、遠藤祐亮の3点シュートなどで20−9と大きくリードした。第2Q序盤はグラント・ジェレットの3点シュートなどで一時は20点までリードを広げたが、中盤以降は群馬の追い上げを許し36−23で折り返した。

守備を修正した第3Qは速攻で再びリズムをつかむと、アイザック・フォトゥやジョシュ・スコットがゴール下で躍動した。55−

GAME-43

ブレックス辛勝追い上げかわす

vs. 秋田ノーザンハピネッツ

第43戦 2023.3.22

▶CNA アリーナ★あきた 3533 人

秋田 63-73 宇都宮

第1Q	18	11
第2Q	7	19
第3Q	16	22
第4Q	22	21

秋　田　22勝21敗
宇都宮　22勝21敗

ブレックスは第1Qで相手に先行されたが、比江島慎のドライブやジャンプシュートで食らい付き11−18。第2Qは高島紳司のオフェンスリバウンドからの得点などでリードを奪うと、30−25と突き放して前半を折り返した。

第3Qはジョシュ・スコットのインサイドなどでさらにリード拡大。荒谷裕秀の3点シュートなどで最大16点差をつけた。しかし終盤に連続失点を喫し52−41。第4Qも一時3点差まで詰め寄られたが、比江島の連続得点などで再び点差を広げた。

GAME-44

1カ月半ぶり連勝　3位に

vs. 三遠ネオフェニックス

第44戦 2023.3.25

▶日環アリーナ栃木 4667 人

宇都宮 80-68 三遠

第1Q	22	15
第2Q	17	18
第3Q	22	18
第4Q	19	17

宇都宮　23勝21敗
三　遠　17勝27敗

三遠に80−68で快勝した。2月11日以来の連勝で通算成績は23勝21敗。順位は東地区3位に浮上した。

ブレックスはジョシュ・スコットがコンディション不良のため欠場した。第1Qは立ち上がりにグラント・ジェレット、比江島慎の連続3点シュートで勢いに乗ると、アイザック・フォトゥもゴール下で奮闘。22−15と先行した。第2Qは一時1点差まで迫られたが、終盤に鵤誠司の3点シュートなどで突き放し39−33で折り返した。

第3Qは鵤の連続得点でペースをつかむと、高島紳司の3点シュート2本などで61−51とリードを広げた。第4Qも比江島や竹内公輔らが3点シュートを量産。ブレックスはこの試合でB1通算3万得点を達成した。

GAME-45

反撃及ばずCS黄信号

vs. 三遠ネオフェニックス

第45戦 2023.3.26

▶日環アリーナ栃木 4803 人

宇都宮 56-59 三遠

第1Q	6	16
第2Q	16	17
第3Q	15	15
第4Q	19	11

宇都宮　23勝22敗
三　遠　18勝27敗

三遠に56−59で敗れた。連勝が2で止まり通算成績は23勝22敗。順位は東地区3位から5位へ後退した。

ブレックスは前日に続きジョシュ・スコットがコンディション不良のため欠場した。第1Qは序盤から攻守ともに停滞。6−16とリードを奪われた。第2Qは遠藤祐亮の3点シュートなどで追い上げたが守備が機能し切れず22−33で折り返した。

第3Qは立ち上がりに10連続得点で反撃。ただ中盤以降は再び三遠の3点シュートを許し37−48。第4Qは比江島慎らの奮闘で残り1分に55−55と追い付いたが、最後は攻撃でミスが出て力尽きた。

この日千葉Jは新潟を96−77で下して40勝目(5敗)を挙げ、プレーオフのチャンピオンシップ進出を決めた。

GAME-46

後半に勢い　逆転一気

vs. サンロッカーズ渋谷

第46戦 2023.4.1

▶ブレックスアリーナ宇都宮 4215 人

宇都宮 78-64 渋谷

第1Q	17	19
第2Q	18	15
第3Q	20	13
第4Q	23	17

宇都宮　24勝22敗
渋　谷　21勝25敗

SR渋谷に78−64で快勝した。通算成績は24勝22敗。

ブレックスはジョシュ・スコットがコンディション不良で3試合連続の欠場。第1クオーター(Q)は開始約5分で4−12と出遅れたがアイザック・フォトゥのゴール下やグラント・ジェレットの3点シュートなどで追い上げ17−19。第2Qは比江島慎の4得点を筆頭に内外バランス良く7人が得点して逆転し35−34で折り返した。

第3Qは一進一退の展開で迎えた終盤、喜多川修平のゴール下やジェレットの連続得点などで一気に突き放し55−47。第4Qもその勢いのままフォトゥのゴール下や喜多川のスチールからの得点でリードを広げ逃げ切った。

GAME-47

猛追及ばず惜敗

vs. サンロッカーズ渋谷

第47戦 2023.4.2

▶ブレックスアリーナ宇都宮 4265 人

宇都宮 75-81 渋谷

第1Q	22	23
第2Q	15	17
第3Q	21	23
第4Q	17	18

宇都宮　24勝23敗
渋　谷　22勝25敗

ブレックスはジョシュ・スコットがコンディション不良で4試合連続の欠場。第1Qは互いに激しい点の取り合いとなり22−23。第2Qは先行され一時7点差をつけられたが、グラント・ジェレットやアイザック・フォトゥの速攻、鵤誠司のスチールからの得点などで追い上げ37−40で折り返した。

第3Qも9点ビハインドから鵤の連続得点などで反撃。2点差まで詰め寄ったがそこから再びリードを広げられ58−63。第4Qは比江島慎の得点や高島紳司の3点シュートで追い上げたが及ばなかった。

GAME-48

勝負どころ　急失速

vs. アルバルク東京

第48戦 2023.4.5

▶アリーナ立川立飛 2843 人

東京 81-67 宇都宮

第1Q	20	17
第2Q	20	21
第3Q	21	10
第4Q	20	19

A東京　36勝12敗
宇都宮　24勝24敗

ブレックスは欠場が続いていたジョシュ・スコットが5試合ぶりに先発復帰。第1Qはスコットの速攻や遠藤祐亮の3点シュートなどで先行したが、徐々に守備で流れをつかまれ17−20。第2Qは喜多川修平の3点シュートなどで追い上げ、38−40で前半を折り返した。

第3Qはアイザック・フォトゥの3点プレーなどで中盤まで接戦を演じたが、5分以降に攻撃が停滞。失点も重ねて48−61と大きく水をあけられた。第4Qは終盤にかけて渡辺裕規らの得点で反撃したものの、差を縮めることはできなかった。

GAME-50

光明見えず4連敗

vs. 茨城ロボッツ

第50戦 2023.4.9

▶日環アリーナ栃木 5351人

宇都宮	66-72	茨城
第1Q	15 - 22	
第2Q	12 - 16	
第3Q	20 - 13	
第4Q	19 - 21	

宇都宮 24勝26敗
茨 城 18勝32敗

茨城に66−72で敗れた。4連敗で通算成績は24勝26敗。

ブレックスは第1Qに5本の3点シュートを浴びるなど15−22とリードを許す展開。第2Qは途中出場の田臥勇太の好守から一時流れを引き寄せたものの、終盤に失点を重ね27−38で折り返した。

第3Qは立ち上がりに連続7得点。アイザック・フォトゥや竹内公輔などの得点で47−51と迫った。しかし第4Qは相手の勢いが上回り、終盤に比江島慎の3点シュートで追い上げたが及ばなかった。

GAME-49

ブレックス　連覇の夢ついえる

vs. 茨城ロボッツ

第49戦 2023.4.8

▶日環アリーナ栃木 4966人

宇都宮	69-80	茨城
第1Q	22 - 13	
第2Q	12 - 24	
第3Q	17 - 26	
第4Q	18 - 17	

宇都宮 24勝25敗
茨 城 17勝32敗

ブレックスは茨城に69−80で敗れた。通算成績は24勝25敗。順位は東地区3位のままだが11試合を残してチャンピオンシップ(CS)進出の可能性が消滅した。

第1Q序盤から点の取り合いとなり、終盤に笠井康平、高島紳司らの得点で22−13とリードした。しかし第2Qは一転、茨城の猛追を受けて逆転を許す。渡邉裕規らの3点シュートで巻き返したが34−37で折り返した。

第3Qは遠藤祐亮の連続3点シュートなどで一度は追い付いたが、終盤に11連続失点を喫して差を広げられ51−63。第4Qは激しい守備からアイザック・フォトゥの連続得点などで差を縮めたが、届かなかった。

GAME-52

第3Q暗転　13点差フイ

vs. 群馬クレインサンダーズ

第52戦 2023.4.15

▶オープンハウスアリーナ太田 5262人

群馬	79-71	宇都宮
第1Q	17 - 19	
第2Q	13 - 24	
第3Q	28 - 12	
第4Q	21 - 16	

群 馬 17勝34敗
宇都宮 25勝27敗

群馬に71−79で逆転負けを喫した。通算成績は25勝27敗。

第1Qは遠藤祐亮の3本の3点シュートなどで19−17とリードすると、第2Qも笠井康平や喜多川修平らが外角からシュートを沈め、43−30と大きくリードして折り返した。

しかし第3Qで一気に失速。攻撃が停滞して主導権を握られ、残り約1分で逆転されて55−58。第4Qも球際で競り負けるなど群馬の勢いを止められず、終盤こそ喜多川の3点シュートなどで追い上げたが及ばなかった。

GAME-51

連敗止め5戦ぶり白星

vs. 仙台 89ERS

第51戦 2023.4.12

▶ゼビオアリーナ仙台 2608人

仙台	69-74	宇都宮
第1Q	20 - 25	
第2Q	11 - 16	
第3Q	10 - 12	
第4Q	28 - 21	

宇都宮 25勝26敗
仙 台 17勝34敗

仙台に74−69で競り勝った。連敗を4で止め、通算成績は25勝26敗。

第1Qはグラント・ジェレットらで計5本の3点シュートを沈め25−20とリード。第2Qは終盤に3点差まで迫られたが比江島慎らが連続7得点を挙げ、41−31で折り返した。

第3Qはロースコアの展開となったが、比江島のスチールからの速攻などで流れを手放さず53−41。第4Qは竹内公輔のゴール下、比江島のアタックなどで加点。終盤に相手の猛追をしのぎ切った。

GAME-54

好守光り追撃しのぐ

vs. レバンガ北海道

第54戦 2023.4.19

▶ブレックスアリーナ宇都宮 4120人

宇都宮	62-53	北海道
第1Q	15 - 4	
第2Q	14 - 24	
第3Q	13 - 10	
第4Q	20 - 15	

宇都宮 27勝27敗
北海道 16勝38敗

ブレックスは第1Q、グラント・ジェレットのダンク、比江島慎の3点シュートなどで得点を重ね15−4と先行。第2Qは攻勢を受け24失点を喫し、29−28で折り返した。

第3Qは立ち上がりに失点を重ねて逆転を許したが、遠藤祐亮の3点シュートなどで盛り返し42−38。第4Qは開始直後から一気に14点を奪う猛攻で試合を決めた。

GAME-53

全員得点　群馬寄せ付けず快勝

vs. 群馬クレインサンダーズ

第53戦 2023.4.16

▶オープンハウスアリーナ太田 5477人

群馬	57-82	宇都宮
第1Q	8 - 24	
第2Q	9 - 21	
第3Q	21 - 19	
第4Q	19 - 18	

群 馬 17勝35敗
宇都宮 26勝27敗

ブレックスは群馬に82−57で快勝した。通算成績は26勝27敗。

第1Qのブレックスは竹内公輔や渡辺裕規らで先行し24−8。第2Qもアイザック・フォトゥの連続得点などで畳みかけ45−17として折り返した。

第3Qは比江島慎の3点プレーなどで64−38。第4Qもヤン・ジェミンのバスケットカウントなどで得点を重ね、最後まで主導権を握らせなかった。

GAME-55

3連勝で3位浮上

vs. 秋田ノーザンハピネッツ

第55戦 2023.4.21

▶CNA アリーナ★あきた 2680 人

秋田 **72-86** 宇都宮

第1Q	19	-	24
第2Q	11	-	19
第3Q	20	-	20
第4Q	22	-	23

秋　田　27勝28敗
宇都宮　28勝27敗

秋田に86−72で快勝。3連勝で通算成績を28勝27敗とし、3位に浮上した。第1Qに喜多川修平の2本の3点シュートなどで24−19と先行。第2Qは10連続得点でリードを一時15点まで拡大。その後は4点差まで追われたが、高島紳司の連続3点シュートなどで43−30で折り返した。

後半に入っても主導権を譲らず、第3Qは竹内公輔や6試合ぶりに出場したジョシュ・スコットのゴール下の活躍で63−50。第4Qも高島や笠井康平のシュートで得点を重ね、逃げ切った。

GAME-56

18点差はね返し4連勝

vs. 秋田ノーザンハピネッツ

第56戦 2023.4.22

▶CNA アリーナ★あきた 3229 人

秋田 **80-85** 宇都宮

第1Q	15	-	17
第2Q	29	-	12
第3Q	18	-	23
第4Q	18	-	33

秋　田　27勝29敗
宇都宮　29勝27敗

秋田に最大18点のビハインドをはね返し、85−80で逆転勝ちした。4連勝で通算成績は29勝27敗の3位。

ブレックスは第1Q、渡邉裕規と笠井康平の連続3点シュートなどで17−15。しかし第2Qは大量29失点を喫し、29−44で折り返した。

それでも後半に猛反撃。グラント・ジェレットのダンクなどでリズムをつくって追い上げ、第3Qを終えて52−62。第4Qはアイザック・フォトゥの3本連続となる3点シュートで74−74と追い付き、さらに比江島慎の3点シュートで勝ち越し。その後もフリースローを確実に決めて粘る秋田を振り切った。

GAME-57

ブレックス地区3位確定

vs. 滋賀レイクス

第57戦 2023.4.29

▶滋賀ダイハツアリーナ 3855 人

滋賀 **74-86** 宇都宮

第1Q	19	-	24
第2Q	19	-	16
第3Q	23	-	27
第4Q	13	-	19

滋　賀　13勝44敗
宇都宮　30勝27敗

滋賀に86−74で快勝した。連勝を5に伸ばし通算成績は30勝27敗。東地区4位の秋田が敗れたためブレックスの地区3位が確定した。

第1Qはグラント・ジェレットや喜多川修平らの得点で24−19と先行。第2Qも比江島慎の3点プレーなどで得点を重ね、40−38で折り返した。

第3Qは立ち上がりに逆転を許したが、喜多川の2本連続となる3点シュートなどで盛り返し67−61と再びリード。第4Qはオフェンスリバウンドからアイザック・フォトゥ、ジョシュ・スコットなどのゴールで粘る滋賀を突き放した。

GAME-58

今季最長　6連勝

vs. 滋賀レイクス

第58戦 2023.4.30

▶滋賀ダイハツアリーナ 4010 人

滋賀 **68-81** 宇都宮

第1Q	18	-	20
第2Q	15	-	19
第3Q	22	-	28
第4Q	13	-	14

滋　賀　13勝45敗
宇都宮　31勝27敗

滋賀に81−68で快勝した。今季最長の6連勝を飾り、通算成績は31勝27敗。

ブレックスは第1Qに比江島慎のジャンプシュートやグラント・ジェレットのアタックなどで20−18と先行。第2Qは田臥勇太のミドルシュートやアイザック・フォトゥのゴール下でリードを広げ39−33で折り返した。

第3Qは高島紳司の2連続3点シュートで加点し、終盤には竹内公輔のミドルシュートにジョシュ・スコットのゴール下、渡辺裕規の3点シュートで畳みかけ67−55。第4Qもリードを保ち逃げ切った。

GAME-59

猛追及ばず連勝止まる

vs. 千葉ジェッツ

第59戦 2023.5.6

▶日環アリーナ栃木 5419 人

宇都宮 **89-92** 千葉

第1Q	22	-	22
第2Q	21	-	23
第3Q	18	-	28
第4Q	28	-	19

宇都宮　31勝28敗
千　葉　53勝6敗

ブレックスは第1Qに鵤誠司の2本連続を含む5本の3点シュートなどで22−22。第2Qは一進一退の中で高島紳司のミドルシュートなどで43−45で折り返した。

第3Qは序盤にターンオーバーを重ねて差をつけられたが、グラント・ジェレットのゴールなどで追い上げ61−73。第4Qは守備から流れをつくり比江島慎の連続3点シュートなどで反撃。ジェレットの3点プレーで2度1点差まで迫ったが及ばなかった。

GAME-60

劇的ブザービーター

vs. 千葉ジェッツ

第60戦 2023.5.7

▶日環アリーナ栃木 5425 人

宇都宮 **82-80** 千葉

第1Q	14	-	18
第2Q	21	-	18
第3Q	20	-	21
第4Q	27	-	23

宇都宮　32勝28敗
千　葉　53勝7敗

千葉Jに82−80で競り勝った。通算成績32勝28敗の東地区3位で今季の全日程を終えた。

ブレックスは第1Qで先行されたが鵤誠司、グラント・ジェレットらの得点で追い上げ14−18。第2Qは比江島慎の得点で反撃。中盤に6点差をつけられたが高島紳司の3点シュートなどで盛り返し35−36で折り返した。

第3Qはジェレットと渡邉裕規の3点シュートなどで55−57。第4Qは主導権が激しく入れ替わる展開となり、残り51・3秒で比江島のリングアタックから78−77とリード。粘る千葉に残り10・9秒で80−80と追い付かれたものの、最後は比江島のブザービーターで振り切った。比江島は両チーム最多の26得点。

この日は5425人が来場、2日連続で県内ホーム最多入場者数を更新した。

Utsunomiya Brex Cheerleader BREXY ブレクシー

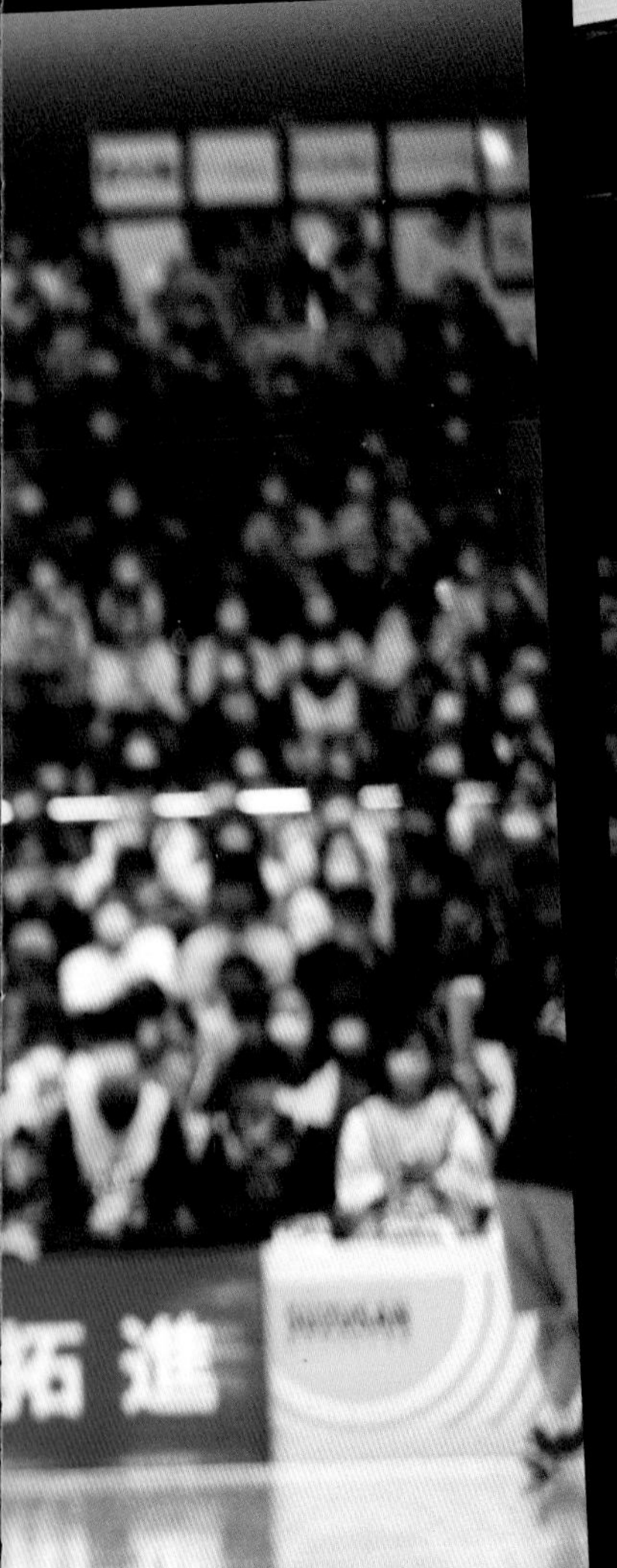

山田壮司・写真

Brexy

2022-23 UTSUNOMIYA BREX
ファン感謝DAY

小玉義敬・写真／文　ブレックスアリーナ宇都宮　2023.5.20

ブレックスアリーナ宇都宮で20日に行われたブレックスのファン感謝DAYには約3200人のファンが来場。ライブ配信でも多くのファンが見届ける中、選手とスタッフが今シーズンの後押しへの感謝を伝えた。

冒頭、藤本光正社長が今シーズンを振り返り、「多くの期待を寄せていただいたにも関わらず目標を達成できず申し訳ない。それでも最後まで戦い抜けたのは皆さまのおかげ」などとあいさつ。専属チアリーダー「ブレクシー」のパフォーマンスに続き、グラント・ジェレットを除く13選手と練習生の村岸航の14人がコートに立ち歓声を浴びた。

その後選手たちは２チームに分かれてゲーム対決を実施。ホームラン競争では荒谷裕秀が見事な打球を飛ばした一方、アイザック・フォトゥは苦戦。ジョシュ・スコットが相棒の遠藤祐亮の顔面に打球を当ててしまう場面では会場から大きな笑いが起こっていた。また、ぐるぐるバットに挑戦した後、逆サイドのゴールにシュートを決めるまでのタイムを競う「ぐるぐるバットスキルズチャレンジ」では、ベテランの喜多川修平が何度も転倒しながらもシュートに成功。佐々宜央ヘッドコーチから"ＭＶＰ"を受賞するなど大活躍を見せた。

綱引き、大縄跳びにも挑戦した選手たちは試合中の真剣なまなざしからは一転、終始リラックスした様子で笑顔を見せ、軽妙な掛け合いで会場の笑いを誘っていた。最後に選手とスタッフが一人ずつ感謝の言葉を述べ、田臥勇太主将は「いろいろなことがあったがチームが最後まで崩れずにいられたのは今シーズンの強さであり、それができたのも皆さんの応援があったからこそ」と感謝した。

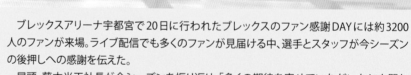

ファン感謝DAY
BREX

ファン感謝DAY
ファン感謝
BREX

ファン感謝DAY
BREX

ALL TOCHIGI ATHLETE MAGAZINE
PRIDE
スプライド特別号

UTSUNOMIYA BREX
SEASON MEMORIES
2022-23

宇都宮ブレックス シーズンメモリーズ 2022-23
GoHigher

2023年6月18日　初版第1刷　発行

STAFF

編集・発行	下野新聞社 〒320-8686　栃木県宇都宮市昭和1-8-11 TEL.028-625-1135（編集出版部） https://www.shimotsuke.co.jp
ライター	藤井洋子 小玉義敬　（下野新聞社 運動部）
フォトグラファー	山田壮司 下野新聞社写真映像部 下野新聞社運動部
アートディレクター	宇梶敏子（Teetz）
デザイナー	大橋敏明（スタジオオオハシ制作）
進　行	嶋田一雄
印刷・製本	株式会社 井上総合印刷